The Report on the High-quality Development
of the Belt and Road Initiative
Scientific and Technological Innovation and Cooperation

"一带一路"

高质量发展报告
——科技创新与科技合作

白春礼 等◎著

科学出版社

北京

内 容 简 介

本书聚焦"一带一路"科技创新与科技合作，希望构建"一带一路"创新合作新格局与新模式，通过科技合作推动"一带一路"高质量发展。本书系统分析"一带一路"发展与科技合作态势，在此基础上立足健康、绿色、数字和创新四大领域，系统梳理新形势和新问题，围绕重点合作领域和内容提出政策建议，最后给出科技支撑"一带一路"高质量发展的政策建议。

本书可供科技管理相关部门、科技咨询机构、科研机构、国际组织和联盟、高校相关领域研究人员等使用。

图书在版编目（CIP）数据

"一带一路"高质量发展报告：科技创新与科技合作/白春礼等著．—北京：科学出版社，2023.10

ISBN 978-7-03-076391-4

I.①一… Ⅱ.①白… Ⅲ.①"一带一路"－国际科技合作－研究报告 Ⅳ.①F113.2

中国国家版本馆CIP数据核字（2023）第181032号

责任编辑：杨婵娟 吴春花 / 责任校对：韩 杨
责任印制：师艳茹 / 封面设计：有道文化

科学出版社 出版
北京东黄城根北街 16 号
邮政编码：100717
http://www.sciencep.com
北京建宏印刷有限公司印刷
科学出版社发行 各地新华书店经销
*
2023 年 10 月第 一 版 开本：787×1092 1/16
2024 年 8 月第二次印刷 印张：11 1/2
字数：205 000
定价：**168.00元**
（如有印装质量问题，我社负责调换）

编委会

前　言

Preface

　　"一带一路"倡议是习近平主席提出的具有突破性、全局性、长远性的国际重大倡议，为全球治理体系的完善和发展提供了新思维与新选择。自 2013 年提出以来，"一带一路"倡议始终保持着强大的韧性，得到了越来越多国家和国际组织的热烈响应及广泛参与。"一带一路"倡议遵循"共商、共建、共享"原则，契合当今世界发展的形势和潮流，为世界各国应对全球性挑战、打造人类命运共同体提供了新机遇。

　　十年来，我国与共建"一带一路"合作国家科技合作机制不断完善，合作领域不断拓宽，合作平台和合作项目务实推进，取得了丰硕的成果。与此同时，我们也意识到，日趋复杂、严峻的国际形势对"一带一路"科技创新与科技合作提出了新要求。当前，新一轮科技革命和产业变革浪潮涌起，世界科技创新秩序面临重构。科技创新成为影响和改变世界经济版图的关键变量，加强科技创新与科技合作已经成为世界各国的普遍共识。科技创新与科技合作能发挥基础性、前瞻性和引领性作用，是支撑和服务"一带一路"互联互通、深化科技开放合作的桥梁纽带。随着共建"一带一路"进入高质量发展的新阶段，科技创新与科技合作已成为"一带一路"应对发展挑战、推动可持续发展的共同选择。

　　在第三次"一带一路"建设座谈会上，习近平总书记对推动"一带一路"建设高质量发展进一步作出了重要部署，要求以高标准、可持续、惠民生为目标，推动共建"一带一路"高质量发展不断取得新成效，提出要稳妥开展健康、绿色、数字、创新等新领域合作，培育合作新增长点。

　　中国科学院作为国家战略科技力量，充分发挥在国际科技界的影响力，并利用与共建"一带一路"合作国家科技合作的基础，在"一带一路"建设中发挥了积极作用。尤其是在 2018 年 11 月发起成立"一带一路"国际科学组织联盟（Alliance of International Science Organizations，ANSO），这是首个"一带一路"倡议下的综合性国际科学组织，习近平总书记专门发来贺信。成立以来，ANSO 聚焦可持续发展目标，围绕人才培养、联合研究与抗疫、智库建设、技术转移转化、专题网络等方面开展了积极和卓有成效的工作。ANSO 作为国际组织的影响力不断扩大。同时，中国科学院依托海外中心和科教机构，积极推动与共建"一带一路"合作国家的科技合作、人才培养，取得了积极成效。

为深入研究科技创新与科技合作在支撑"一带一路"高质量发展方面的作用，2021年中国科学院科技智库理事会启动部署"一带一路"创新发展重大咨询项目。该项目紧密围绕推动"一带一路"高质量发展的主题，结合国家战略科技力量建设需求和创新驱动发展战略，关注"一带一路"科技创新与科技合作中的关键性重大问题，就科技创新与科技合作如何服务与支撑"一带一路"建设高质量发展开展研究。项目由白春礼院士牵头，由包信和、陈发虎、崔鹏、傅伯杰、郭华东、焦念志、汪寿阳、姚檀栋、赵宇亮等多位院士专家担任专题负责人。项目开展两年多以来，从健康、绿色、数字、创新等重点领域深入系统地探索了新时期推动"一带一路"高质量发展面临的挑战以及解决方案，取得了丰硕的研究成果，多个咨询报告获得中央和国家领导的重要批示，为"一带一路"高质量发展提供了有力支撑。

项目工作组综合项目研究成果，组织编写了本书。本书共包括十章，主要内容安排如下：第 1 章绪论对全书的研究背景、意义、思路、内容等进行总体介绍；第 2 章介绍了"一带一路"共建国家社会经济发展、资源环境基础等基本现状；第 3 章介绍了"一带一路"科技创新与合作的基本情况；第 4 章探讨了科技合作支撑"一带一路"高质量发展的战略途径；第 5 章至第 8 章分别从健康、绿色、数字和创新四个方面探讨"一带一路"科技创新与科技合作的现状、问题和重点发展方向；第 9 章关注"一带一路"科技创新人才培养问题；第 10 章在前述研究基础上，提出科技创新与科技合作支撑"一带一路"高质量发展的主要政策建议。希望通过本书，能够让政产学研各界和社会公众更加关注"一带一路"建设，更加深入理解科技创新与科技合作在支撑"一带一路"高质量发展中的重要作用。

"积力之所举，则无不胜也；众智之所为，则无不成也。""一带一路"高质量发展是党中央和习近平总书记的重大决策部署，是需要一步一个脚印逐步推进实施的伟大事业。愿本书为新时期"一带一路"建设伟大事业添砖加瓦、贡献点滴力量！

《"一带一路"高质量发展——科技创新与科技合作》工作组

2023 年 8 月于北京

目　录

C o n t e n t s

第 10 章　政策建议　165

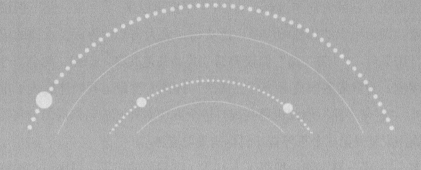

第 1 章

绪　论

1.1 研究背景与意义

"一带一路"是中国国家主席习近平提出的新型国际合作倡议,为全球治理体系的完善和发展提供了新的方向与选择。自 2013 年提出以来,"一带一路"倡议得到了越来越多国家和国际组织的热烈响应及广泛参与,成为当今世界深受欢迎的国际公共产品和国际合作平台。"一带一路"倡议遵循"共商共建共享"原则,契合当今世界发展的形势和潮流,为世界各国应对全球性挑战、打造人类命运共同体提供了重要的实践平台。此外,"一带一路"倡议也是我国打造全方位对外开放新格局的内在需求,是实现中华民族伟大复兴第二个百年奋斗目标的重要支撑。

十年来,"一带一路"建设取得了实打实、沉甸甸的成果,但同时也面临着日趋复杂、严峻的国际环境,推动"一带一路"建设行稳致远急需高质量的发展。2018 年 8 月,在推进"一带一路"建设工作 5 周年座谈会上,习近平总书记提出推动共建"一带一路"向高质量发展转变,这是下一阶段推进共建"一带一路"工作的基本要求,并指出今后要聚焦重点、精雕细琢,共同绘制好精谨细腻的"工笔画"①。2019 年 4 月,在第二届"一带一路"国际合作高峰论坛开幕致辞中,习近平主席提出推动共建"一带一路"沿着高质量发展方向不断前进,并强调要秉持共商共建共享原则,倡导多边主义,坚持开放、绿色、廉洁理念,努力实现高标准、惠民生、可持续目标②。在2021年 11 月举行的第三次"一带一路"建设座谈会上,习近平总书记对推动"一带一路"建设高质量发展进一步作出了重要部署,要求以高标准、可持续、惠民生为目标,推动共建"一带一路"高质量发展不断取得新成效,提出要稳妥开展健康、绿色、数字、创新等新领域合作,培育合作新增长点③。习近平总书记的重要讲话为新时代推进共建"一带一路"高质量发展提供了根本遵循。党的二十大报告也明确提出,推动共建"一带一路"高质量发展。在此背景下,按照习近平总书记的指示和要求,稳妥开展健康、绿色、数字、创新等新领域合作,是新时代推进共建"一带一路"高质量发展的重要

---

① 习近平出席推进"一带一路"建设工作 5 周年座谈会并发表重要讲话 [EB/OL].http://www.gov.cn/xinwen/2018-08/27/content_5316913.htm[2023-06-01].

② 习近平出席第二届"一带一路"国际合作高峰论坛开幕式并发表主旨演讲 [EB/OL].http://jhsjk.people.cn/article/31053281[2023-06-01].

③ 习近平出席第三次"一带一路"建设座谈会并发表重要讲话 [EB/OL].http://www.gov.cn/xinwen/2021-11/19/content_5652067.htm[2023-06-01].

任务和核心工作。

近年来，中国积极推动与共建"一带一路"合作国家在健康、绿色、数字、创新等领域的务实合作。在卫生健康领域，中国加强了和共建"一带一路"合作国家在传染病防控方面的合作，努力维护全球卫生安全；对接了共建"一带一路"合作国家的卫生发展战略，通过建立医学人才培养联盟、医院合作联盟、卫生政策研究网络等，与共建"一带一路"合作国家开展跨境医疗合作服务；结合中国"重大新药创制"等科技专项，深入推动卫生创新合作。在绿色丝绸之路领域，中国相继发布了《"一带一路"生态环境保护合作规划》（2017 年）、《关于推进绿色"一带一路"建设的指导意见》（2017 年）、《对外投资合作绿色发展工作指引》（2021 年）等相关文件；在第二届"一带一路"国际合作高峰论坛上成立了"一带一路"绿色发展国际联盟，中国与各方积极携手，推动落实联合国 2030 年可持续发展议程，让绿色切实成为共建"一带一路"的底色。在数字丝绸之路领域，2015 年国家发展和改革委员会、外交部、商务部联合发布的《推动共建丝绸之路经济带和 21 世纪海上丝绸之路的愿景与行动》中，提出要提高国际通信互联互通水平，畅通信息丝绸之路；习近平主席在"一带一路"国际合作高峰论坛开幕致辞中指出，要坚持创新驱动发展，加强在数字经济、人工智能、纳米技术、量子计算机等前沿领域合作，推动大数据、云计算、智慧城市建设，连接成 21 世纪的数字丝绸之路[①]。在创新丝绸之路领域，科技创新在"一带一路"建设中不断发挥引领和支撑作用，中国政府 2016 年制定的《推进"一带一路"建设科技创新合作专项规划》中提出，到本世纪中叶，科技创新合作推动"五通"目标全面实现，建成"一带一路"创新共同体。

当前，世界正在经历百年未有之大变局，新一轮科技革命和产业变革浪潮涌起，人类面临的粮食安全、气候变化等共同问题更趋复杂严峻，这些给"一带一路"高质量发展带来巨大挑战。同时，全球科技创新空前活跃，给人类社会发展带来新的机遇，世界科技创新秩序面临重构，对推动"一带一路"高质量发展和构建人类命运共同体提出新的更高要求。科技创新是推进"一带一路"高质量发展的核心内容和重要驱动力，是"一带一路"国家和地区应对新技术革命挑战的共同选择。但是，从科技创新角度推动"一带一路"高质量发展还存在诸多问题，如对共建"一带一路"合作国家的科技创新态势了解不足，科技合作顶层设计和合作机制有待完善，共建"一带一路"

---

① 习近平在"一带一路"国际合作高峰论坛开幕式上的演讲 [EB/OL]. http://jhsjk.people.cn/article/29274601[2023-06-01].

合作国家的政治经济环境和科技发展水平差异较大，科技合作模式有待优化，经费使用效率不高，高层次人才缺乏等。

为发挥科技界的力量、推动"一带一路"建设高质量发展，中国科学院设立了"一带一路"创新发展重大咨询项目，以期从科技合作和科技创新方面支撑和服务"一带一路"建设高质量发展。该项目紧密围绕推动"一带一路"高质量发展的主题，结合强化国家战略科技力量的需求和创新驱动发展战略，关注"一带一路"科技合作和科技创新中的重大问题，从健康、绿色、数字、创新等多个领域探索新时期推动"一带一路"高质量发展面临的挑战和解决方案。

1.2 相关研究进展

截至 2022 年 11 月 16 日，在中国知网以"一带一路"为关键词，以北大核心、中国社会科学引文索引（CSSCI）和中国科学引文数据库（CSCD）期刊为检索对象，共检索到 17 518 篇期刊文章。其中，2014～2017 年发文量逐年上升，2017 年发文量达到峰值 3477 篇；此后，呈现下降趋势。除了"一带一路""一带一路倡议""一带一路沿线国家"这些通用词外，出现较多的主题词是"人类命运共同体""对外直接投资""高质量发展""走出去""人民币国际化""全球治理""出口贸易""全球价值链""互联互通"等。近几年，有关"一带一路"建设高质量发展的发文量逐渐上升。

推动共建"一带一路"向高质量发展转变，是习近平总书记在 2018 年 8 月召开的推进"一带一路"建设工作 5 周年座谈会上提出的总体要求。2019 年 4 月，在第二届"一带一路"国际合作高峰论坛开幕致辞中，习近平主席对高质量共建"一带一路"的原则、理念和目标进行了阐述，即秉持共商共建共享原则，坚持开放、绿色、廉洁理念，努力实现高标准、惠民生、可持续目标。

此后，学者相继阐释了"一带一路"高质量发展的内涵和理论逻辑。有学者认为，高质量共建"一带一路"的前提是必须构建高质量的发展观，而高质量的发展观应涵盖共生发展观、增益发展观和制度化发展观（张春，2020）。也有学者认为，高质量共建"一带一路"的内涵在于破除已有"一带一路"建设中存在的问题和提高建设效益（郑雪平和林跃勤，2020），使"发展导向—创造机遇—合作共赢"这样的"一带一路"良性循环发展持续下去（胡必亮，2020）。其中蕴含的理论逻辑是，通过与共建"一带一路"合作国家互惠共生、利益均享的高质量发展模式，促进全球治理体系向包容普惠方向发展，构建人类命运共同体（刘同舫，2018；王灵桂等，2021）；将"一带一路"高质量发展的物质生产与精神生产相联系，以获得超越国家疆界的生产能力（张中元，2021；刘莉君等，2022）。

高质量发展的宏观愿景能否实现取决于具体的"工笔画"，特别是建设项目能否实现"互利共赢"（刘卫东和姚秋蕙，2020），有必要围绕强化新基建加强顶层设计、技术和人才合作（郭朝先和徐枫，2020），通过在数字丝路、绿色丝路、健康丝路方面合作促使"一带一路"高质量发展走深走实（陈健，2021）。随着"一带一路"建设成果越来越丰厚，基于深度访谈和案例调研来探讨高质量发展路径的研究有所增加。例如，中国科学院刘卫东团队从包容性全球化视角对 20 多个海外建设项目进行了案例研究，涵盖铁路、港口、境外经贸合作园区、矿山开采及冶炼、清洁能源等不同类型，对"一带一路"建设高质量发展具有重要的借鉴意义（刘卫东等，2021）。

科技合作是"一带一路"建设的先导和支撑，现有研究运用多源数据对国际科技合作的参与国家、合作模式与运行机制进行了探讨（陈欣，2020；王智新，2021；方维慰，2020）。研究发现，共建"一带一路"国家和地区之间的专利合作增长平缓，且各技术领域科技合作网络中节点国家的合作广度和合作强度均表现出明显的不均衡性（陈欣，2019），中国的主要专利合作对象是韩国、新加坡等，合作技术领域主要集中在无线通信网络、编码和化合物构造等，不同技术发展态势呈现分化或融合趋势（高珺和余翔，2021）。

随着地方政府和社会各界越来越认识到国际科技合作是提升区域科技竞争力和经济增长的重要手段，各省市积极推进与共建"一带一路"合作国家和企业的科技合作，研究成果也随之增多（梁嘉明等，2021；王宇，2020；王怀豫等，2022）。从影响机制来看，合作城市的质量、社会邻近性、认知邻近性和语言邻近性对合作具有显著的正向作用，地理邻近性和经济邻近性具有显著的负向作用（焦美琪等，2021）。在对策建议方面，研究进一步指出国际科技合作要因国（地）施策，坚持研发合作和技术转移并举，更加注重研发合作的基础和质量（许培源和程钦良，2020），并积极开展中外学者之间的"一带一路"研究对话和合作研究（刘卫东等，2018；葛全胜等，2020）。

绿色发展是"一带一路"高质量发展的重要内容和保障。绿色"一带一路"建设并非狭义地等同于环境保护、气候治理、生态修复等绿色基础工程，而是将生态环保融入"一带一路"建设的各方面和全过程，不仅强调理念先行，而且注重经验积累和实践推进（于宏源和汪万发，2021）。现有研究主要集中在绿色能源、绿色基建、绿色园区、绿色金融等方面。相关研究对共建"一带一路"合作国家的清洁能源项目开发、建设和监管过程进行讨论,认为"一带一路"清洁能源项目建设已经初具规模(韩梦瑶等,2021),并提出了一系列推进绿色能源信息共享和能力建设的对策和建议(姚秋蕙等,2018)。同时,越来越多的国家在基础设施建设领域以碳中和为发展目标,加强对零碳和负碳技术的研发部署,推动储能技术创新,强化碳捕集、碳封存等技术手段在对外承包工程项目中的应用,以推动可持续发展和绿色转型(李雪亚和路红艳,2022;吴泽林和王健,2022;吴浩和欧阳骞,2022)。绿色园区既指以绿色项目为主要产业、孵化低碳项目的聚集群落,也指园区在建造、运营和维护中注重保护环境、减少污染(宋涛等,2020;翟东升和蔡达,2022),是实现包容性全球化的重要空间载体(刘卫东,2017)。随着全球环境保护意识的增强,绿色金融成为"一带一路"金融业发展的重点和主要方向(刘世伟,2021)。与传统金融将管控信用风险作为首要原则不同,绿色金融将环境效益放在首位,引导资金流向与节约资源相关的技术研发行业和生态环境友好的产业(杨达,2021),强调金融活动与环境保护、生态平衡的协调发展。

数字经济正成为推动"一带一路"高质量发展的重要引擎,近年来已成为学者关注的热点。实证研究显示,数字经济对"一带一路"高质量发展存在显著的推动作用,且推动作用逐渐增强;相比中等偏上收入国家和中等偏下收入国家,数字经济对高质量发展的影响在高收入国家更显著(刘莉君等,2022)。在以数字经济推动"一带一路"国际合作过程中,科技革命推动产业数字化发展、相关协议签署与规则对接、常态化合作体系的建立、移动支付的逐渐普及等为共建国家更深层次的数字经济合作奠定了基础(邢劭思,2022;黄玉沛,2019;王海燕,2020)。然而,复杂的"数字鸿沟"的挑战、数字安全威胁、战略互信不足、金融支持体系不完善等又对数字经济的发展造成一定阻碍(安晓明,2022;楼项飞,2019;潘晓明和郑冰,2021)。因此,学者认为必须不断深化共建"一带一路"合作国家在数字基础设施建设、产业数字化应用、网络安全保障、电子商务与数字贸易、数字人才培育等领域的合作,弥合数字鸿沟,加快实现共建"一带一路"国家和地区之间的互联互通、经济创新和包容性增长(余金艳等,2022;张伯超和沈开艳,2018;蓝庆新和汪春雨,2021;原倩,2022)。

新冠疫情的全球大流行给人类带来重大挑战,推动共建健康丝绸之路对于引领与协调健康领域的合作、增进全球民众健康福祉具有重要意义,是建设人类卫生健康共同体的重要实践。在这个领域,学者主要从健康丝绸之路的生成逻辑、价值内涵、实现路径三方面展开。在生成逻辑层面,面对新冠疫情传播快、感染广、防控难度大的特性，一些国家治理缺位以及共建"一带一路"合作国家疫情防控能力较弱，加剧了共建"一带一路"合作国家疫情的大流行和经济形势的恶化，使"一带一路"合作面临严峻挑战（肖晞和宋国新，2021）。在价值内涵层面，健康丝绸之路的本质就是对人类命运共同体的价值诠释，是中国和平共生、以人为本、文明平等、义利兼容的新发展理念的全球延伸，是对人类公共卫生体系的有益探索（郭少飞和任新农，2021；周琦和曾陈许愿，2022；何茂春和郑维伟，2017）。健康丝绸之路对国际双边和多边卫生治理合作产生了深刻影响，有力地促进了区域和全球卫生治理理念的创新和公共产品的提供（信强和文少彪，2020）。在实现路径层面，学者建议通过话语和心理共鸣等民心相通的途径，促使国际社会采取联合行动以共同应对全球公共卫生危机（曾向红和罗金，2022）；同时，加快构建卫生健康标准的评价体系和公共卫生安全治理体系（孙存志和杨丽，2020），使"一带一路"卫生健康合作走深走实（高燕，2021）。

在气候变化、粮食安全、疫情防控等全球性难题频出的背景下，建设创新丝绸之路是推动共建"一带一路"高质量发展的重要抓手（尹礼汇等，2022）。现有研究普遍关注中国企业"走出去"过程中的创新发展战略，认为"一带一路"倡议通过扩大市场规模、增加政府支出、缓解融资约束和增加逆向知识溢出等显著促进了企业创新水平的提升（刘越和张露梅，2022；史君，2021；朱兢等，2022），同时对节点城市、国有企业技术创新水平的促进作用更加显著（张旭娜等，2023）。也有学者指出，由于共建"一带一路"国家和地区之间的工业化发展程度和创新需求不同，因此形成了复杂的、多种因素叠加的创新网络（余力焓，2018），加上创新要素的全球流动正遭遇越来越多的障碍，创新全球化的成果无法在全球范围内实现公平的分配（尹晨和李雪，2020）。但是，现阶段创新治理框架未形成，创新合作体制尚不健全（陈宝明和黄宁，2017）。因此，有学者认为中国应更加主动地参与全球创新治理，引领全球创新治理规则的制定和履行（余晓钟和罗霞，2021；潘石，2021），中国企业应深化开放合作，在创新驱动及人才资源等方面承担更多责任义务（冯娇等，2022），并相继提出了畅通内外循环、促进科技要素均衡配置、强化跨文化传播能力和产业梯度有序转移四位一体的国际协同创新发展路径（王韬钦，2021），以及技术标准与产业转移双轮驱动的"一带一路"产业链整合创新的中国方案（胡黎明等，2021）。

通过梳理相关文献可以发现，关于"一带一路"的研究内容广泛，研究思路多样化。学者从"一带一路"高质量发展、科技合作、绿色"一带一路"、数字经济、健康丝绸之路、创新等多个方面进行了探讨，提出了许多有价值的建议。但从研究成果的数量和研究深度来说仍有明显不足，已有文献以宏观性、战略性研究为主，较为系统的、具体的深入性研究偏少。在研究方法上，偏重规范分析和经验总结，缺乏有效的实证分析，多学科视角有机结合的研究成果更是少见。此外，研究的理论性欠缺，相关文献对理论基础和论证依据方面仍不够重视。尤其是对数字、绿色、健康、创新具体议题的研究，远远落后于全球和国内局势的变化，也跟不上“一带一路”建设的实践步伐，缺乏前瞻性，难以更好地支撑“一带一路”建设高质量发展。

1.3 研究思路

本报告根据习近平总书记在第三次“一带一路”建设座谈会上的重要讲话精神，聚焦健康、绿色、数字和创新四大领域，通过科技合作推动“一带一路”建设高质量发展。本报告以 2020 年底与我国签署共建“一带一路”合作文件的 138 个国家（以下简称共建国家）为研究对象，聚焦科技创新与科技合作，系统梳理新形势、新机遇、新问题和新挑战，给出科学解决方案和咨询建议，构建“一带一路”创新合作新格局与新模式。本报告主要包括以下研究内容。

1）“一带一路”发展与科技合作态势研究。对新时期共建国家发展现状与面临挑战进行分析，包括社会经济发展状况、疫情影响、数字基础设施等方面。在此基础上，从世界科技发展趋势出发，深入分析共建国家研发投入与产出、研发人员、高科技产品出口、科研力量布局、重点产业发展等，系统梳理我国与共建国家科技合作的基本态势、需求和存在的问题。

2）科技支撑“一带一路”高质量发展研究。聚焦健康、绿色、数字、创新四个领域，分析现状与存在的问题，围绕重点合作领域和内容提出政策建议。健康丝绸之路包括共建国家健康与公共卫生服务发展与现状、重大突发传染病应对、医疗援助与救治、药物研制等方面。绿色丝绸之路包括气候变化、生态环境、灾害防治、海洋合作等方面。数字丝绸之路包括数字基础设施与电商、数字前沿科技、机制标准和能力化建设等方面。创新丝绸之路主要包括产业布局、技术应用等方面。

3）科技支撑“一带一路”高质量发展的政策建议。在上述分析的基础上，提出科技合作支撑“一带一路”高质量发展的对策与建议，包括加强顶层设计和统筹协调，推动相关资助体系和监管机制的改革，充分发挥国际组织的作用，积极实施国际大科学计划，强化海外科教设施的能力和作用，将运维经费纳入对外援助，建立海外生态文明科技推广示范区，共建绿色制造和清洁制造的国家技术规范和标准，创新科技人才支撑模式等方面。

1.4 研究内容

本报告从多学科有机结合的视角出发，聚焦健康、绿色、数字、创新四大领域，将理论分析与实践深度结合，密切联系全球与国内局势变化，梳理健康丝绸之路、绿色丝绸之路、数字丝绸之路和创新丝绸之路建设现状及面临的主要挑战，并据此提出有前瞻性、针对性的建议，指明相关领域未来科技合作重点方向，为科技支撑"一带一路"建设高质量发展提供科学依据。

卫生与健康问题是人类发展中所面临的全球性挑战。关于健康丝绸之路建设，本报告分析了共建国家所面临的主要挑战，阐述了科技合作在推进健康丝绸之路建设中的重要意义，结合已有实践提出重点科技合作方向和领域，包括应对重大传染病、医疗援助、先进医疗技术与健康产业、信息化建设与传统医药合作等，并提出在这些领域全方位深化技术合作、统筹施策打造健康丝绸之路品牌、创新体制机制推进国际合作等政策建议。

绿色是我国高质量发展的鲜明底色。关于绿色丝绸之路建设，本报告梳理了共建国家面临的气候变化、生态系统服务功能降低、灾害风险增加、海洋生态恶化等环境问题，明确了"气候-水文-生态"协同变化与管理、生态环境保护修复治理、灾害风险评估与监测预警体系、海洋负排放等重点科技合作方向，并在此基础上提出建立系统的"监测-研究-预警-服务"平台、加强生态环境治理技术合作与区域示范、创建新型减灾合作"机制-框架-平台"、建立海洋碳汇"方法-技术-规范-标准"、推动和培育国际大科学计划等政策建议。

数字资源是"一带一路"建设的核心资源。关于数字丝绸之路建设，尽管目前共建国家的数字化合作与创新发展势头良好，但受相关政策及国际环境的影响与制约，普遍缺乏自主核心技术，数字化机制标准话语权较弱。本报告分析了共建数字丝绸之路面临的主要挑战，明确了未来重点科技合作方向和领域，包括推进新型数字基础设施互联互通、提升跨境电商智慧化水平、推动数字化创新突破与深度合作、探索建立共建国家合作创新治理新机制、多渠道开展数字化能力建设科技合作等。

创新是"一带一路"建设的动力。当前，世界科技创新秩序面临重构，国内外政治经济格局新变化和新形势对创新丝绸之路建设提出了更高要求，科技创新成为"一带一路"建设的核心驱动力。在此背景下，本报告系统梳理了创新丝绸之路建设的现状及面临的主要挑战，研判未来创新合作的重点领域、方向和任务，进而针对共建国家战略需求与发展基础，提出具体的创新合作机制。

本章参考文献

安晓明.2022."一带一路"数字经济合作的进展、挑战与应对[J].区域经济评论，（4）：123-131.

陈宝明，黄宁.2017.深入推进"一带一路"创新治理[J].全球科技经济瞭望，32（4）：1-4，12.

陈健.2021."一带一路"高质量发展的理论逻辑与实践方案[J].财经问题研究，（7）：27-35.

陈欣.2019."一带一路"沿线国家科技合作网络比较研究[J].科研管理，40（7）：22-32.

陈欣.2020."一带一路"沿线国家科技合作网络演化研究[J].科学学研究，38（10）：8.

方维慰.2020."一带一路"国家科技合作与协同创新的机制研究[J].重庆社会科学，（12）：14.

冯娇，王楠楠，孙国帅，等.2022.中国企业在"一带一路"基础设施建设中的创新驱动发展——基于处理环境效应和随机误差的研究[J].工业技术经济，41（3）：12-18.

高珺，余翔.2021.技术接近性对国际技术合作影响——基于"一带一路"国家专利合作的研究[J].科学学研究，39（6）：1050-1057.

高燕.2021.携手共建绿色、健康、数字丝绸之路[J].人民论坛，（14）：6-8.

葛全胜，刘卫东，孙鸿烈，等.2020.地理科学与资源科学的国家智库建设[J].地理学报，75（12）：2655-2668.

郭朝先，徐枫.2020.新基建推进"一带一路"建设高质量发展研究[J].西安交通大学学报（社会科学版），40（5）：1-10.

郭少飞，任新农.2021."健康丝绸之路"的价值意蕴与实践路径探析[J].石河子大学学报（哲学社会科学版），35（3）：28-34.

韩梦瑶，刘卫东，刘慧.2021.中国跨境风电项目的建设模式、梯度转移及减排潜力研究——以中巴经济走廊优先项目为例[J].世界地理研究，30（3）：490-500.

何茂春，郑维伟.2017."一带一路"战略构想从模糊走向清晰——绿色、健康、智力、和平丝绸之路理论内涵及实现路径[J].新疆师范大学学报（哲学社会科学版），38（6）：77-92.

胡必亮.2020.推动共建"一带一路"高质量发展——习近平关于高质量共建"一带一路"的系统论述[J].学习与探索，（10）：2，102-119，192.

胡黎明，郭文君，赵瑞霞.2021.中国主导"一带一路"区域产业链整合创新研究——基于技术标准与产业转移双轮驱动的视角[J].科学管理研究，39（6）：162-170.

黄玉沛.2019.中非共建"数字丝绸之路"：机遇、挑战与路径选择[J].国际问题研究，（4）：50-63，137.

焦美琪，杜德斌，桂钦昌，等.2021."一带一路"视角下城市技术合作网络演化特征与影响因素研究[J].地理研究，40（4）：913-927.

蓝庆新，汪春雨.2021.数字化赋能绿色"一带一路"建设[J].中国经济评论，（8）：30-33.

李雪亚，路红艳.2022.全球基建新动向对我国对外承包工程行业的影响及应对[J].国际经济合作，（3）：44-51.

梁嘉明，刘小丹，黄海滨.2021.粤港澳大湾区与葡萄牙、巴西科技合作潜力研究[J].科技管理研究，41（11）：42-52.

刘莉君，张静静，曾一恬.2022.数字经济推动共建"一带一路"高质量发展的效应研究[J].中南大学学报：社会科学版，28（5）：122-135.

刘世伟.2021.金融机构助力"一带一路"绿色发展[J].中国金融，（22）：25-26.

刘同舫.2018.构建人类命运共同体对历史唯物主义的原创性贡献[J].中国社会科学，（7）：4-21，204.

刘卫东.2017."一带一路"：引领包容性全球化[J].中国科学院院刊，32（4）：331-339.

刘卫东，等.2021."一带一路"建设案例研究——包容性全球化的视角[M].北京：商务印书馆.

刘卫东，宋周莺，刘志高，等.2018."一带一路"建设研究进展[J].地理学报，73（4）：620-636.

刘卫东，姚秋蕙.2020."一带一路"建设模式研究——基于制度与文化视角[J].地理学报，75（6）：1134-1146.

刘越，张露梅.2022."一带一路"倡议提升我国生产性服务企业OFDI创新绩效了吗？——基于双重差分的准自然实验[J].东北农业大学学报（社会科学版），20（2）：67-79.

楼项飞.2019.中拉共建"数字丝绸之路"：挑战与路径选择[J].国际问题研究，（2）：49-60.

潘石.2021."一带一路"之政治经济学创新[J].吉林大学社会科学学报，61（4）：55-68，235.

潘晓明，郑冰.2021.全球数字经济发展背景下的国际治理机制构建[J].国际展望，13（5）：109-129，157-158.

佘力焓.2018.国际区域合作中知识产权协同创新机理研究——基于"一带一路"的框架[J].科学管理研究，36（1）：112-115，120.

史君.2021."一带一路"背景下企业参与精准扶贫能否带动更好的创新绩效——基于高管特征的调节效应[J].财会通讯，（17）：57-61.

宋涛，刘卫东，高菠阳，等.2020.合作伙伴关系视角下的海外园区政策移动性研究——以泰中罗勇工业园为例[J].地理学报，75（6）：1199-1209.

孙存志，杨丽.2020."一带一路"沿线卫生健康共同体构建研究[J].青海社会科学，（5）：70-75.

王海燕.2020.中国与中亚国家共建数字丝绸之路：基础、挑战与路径[J].国际问题研究，（2）：107-133，136.

王怀豫，肖尧，李奕辰，等.2022."一带一路"建设背景下中国与东盟国家农业科技合作的选择机制[J].科技管理研究，42（16）：35-44.

王灵桂，洪银兴，史丹，等.2021.阐释党的十九届六中全会精神笔谈[J].中国工业经济，（12）：5-30.

王韬钦.2021.基于全球科技治理理念的国际协同创新发展[J].科技导报，39（20）：9-18.

王宇.2020.江苏"一带一路"创新合作与技术转移的实践与思考[J].科技管理研究，40（7）：104-109.

王智新.2021.国际科技合作融入全球创新网络研究评述与展望[J].科学管理研究，39（1）：163-167.

吴浩，欧阳骞.2022.高质量共建"一带一路"的理念与路径探析——基于全球治理视角[J].江西社会科学，42（7）：197-205.

吴泽林，王健. 2022. 美欧全球基础设施投资计划及其对中国的影响[J]. 现代国际关系，（3）：9-16, 61.

习近平. 2019-04-27. 齐心开创共建"一带一路"美好未来——在第二届"一带一路"国际合作高峰论坛开幕式上的主旨演讲[N]. 人民日报.

肖晞，宋国新. 2021. 新冠肺炎疫情常态化下的"一带一路"合作：挑战、机遇与进路[J]. 学习与探索，（12）：35-42.

信强，文少彪. 2020. "健康丝路"视角下的中国与全球卫生治理[J]. 现代国际关系，（6）：19-27, 62.

邢劭思. 2022. "一带一路"沿线国家数字经济合作研究[J]. 经济纵横，（1）：46-51.

许培源，程钦良. 2020. "一带一路"国际科技合作的经济增长效应[J]. 财经研究，46（5）：15.

杨达. 2021. 绿色"一带一路"治理体系探索与深化方位透视[J]. 政治经济学评论，12（5）：165-187.

姚秋蕙，韩梦瑶，刘卫东. 2018. "一带一路"沿线地区隐含碳流动研究[J]. 地理学报，73（11）：2210-2222.

尹晨，李雪. 2020. "一带一路"创新治理机制探析——基于全球政治社会学的视角[J]. 复旦学报（社会科学版），62（5）：160-167.

尹礼汇，赵伟，吴传清. 2022. "一带一路"、OFDI 与企业创新——基于沪深上市公司的实证分析[J]. 重庆大学学报（社会科学版），28（5）：1-13.

于宏源，汪万发. 2021. 绿色"一带一路"建设：进展、挑战与深化路径[J]. 国际问题研究，（2）：114-129.

余金艳，张英男，刘卫东，等. 2022. 电商快递包装箱的碳足迹空间分解和隐含碳转移研究[J]. 地理研究，41（1）：92-110.

余晓钟，罗霞. 2021. "一带一路"国际能源合作创新模式实施保障机制研究[J]. 科学管理研究，39（5）：160-168.

原倩. 2022. 新发展格局下数字丝绸之路高质量发展的总体思路与战略路径[J]. 宏观经济管理，（7）：21-27.

曾向红，罗金. 2022. "健康丝绸之路"构建的"政府—社会"复合路径[J]. 浙江大学学报（人文社会科学版），52（3）：5-21.

翟东升，蔡达. 2022. 绿色"一带一路"建设：进展、挑战与展望[J]. 宏观经济管理，

（8）：7-15.

张伯超，沈开艳. 2018. "一带一路"沿线国家数字经济发展就绪度定量评估与特征分析[J]. 上海经济研究，（1）：94-103.

张春. 2020. "一带一路"高质量发展观的建构[J]. 国际展望，12（4）：111-131，153-154.

张旭娜，吴建銮，卢山冰. 2023. "一带一路"倡议提升了中国企业绿色技术创新水平吗[J]. 科技进步与对策，40（7）：45-56.

张中元. 2021. 正确义利观与"一带一路"产能合作治理[J]. 太平洋学报，29（9）：67-76.

郑雪平，林跃勤. 2020. "一带一路"建设进展、挑战与推进高质量发展对策[J]. 东北亚论坛，29（6）：94-106，125.

周琦，曾陈许愿. 2022. "健康丝绸之路"的生成逻辑、基本架构及价值意蕴[J]. 湘潭大学学报（哲学社会科学版），46（3）：133-137.

朱兢，肖婧文，付晓蓉. 2022. "一带一路"视角下高水平外循环与企业技术创新[J]. 科研管理，43（5）：121-130.

第 2 章

"一带一路"共建国家发展现状
及面临的挑战

实施"一带一路"倡议的国际环境非常复杂，挑战与机遇并存。本章分析了新时期共建国家社会经济发展、资源环境基础、疫情及其社会经济影响、数字基础设施及电商发展现状和面临的风险挑战，以明确我国与共建国家开展科技合作的领域及需求。共建国家社会经济发展总体水平不高，且不同地区之间存在较大差异。随着国际贸易形势不断恶化，"一带一路"经贸合作面临一些新的挑战。共建国家既有迫切的发展需求，又有巨大的发展潜力，但地理条件复杂，部分区域生态环境脆弱，面临发展与环境很大的双重压力。同时，新冠疫情给共建国家带来影响，除了使其国内生产总值（GDP）下降以外，还使其在宏观经济其他方面出现潜在风险。共建国家数字基础设施发展整体水平不高，相关行业发展落后，大部分国家数字基础设施建设滞后于数字化发展要求，各国之间互联互通能力不足，且面临安全威胁。

2.1 社会经济发展

2.1.1 经济发展

（1）经济体量差异大

由于历史基础、资源禀赋、制度环境等的差异，共建国家的经济体量存在巨大差异。根据世界银行数据[①]计算，2020年，138个共建国家的GDP为18.62万亿美元，占全球GDP比重为22.0%，约为中国GDP的126.5%。这138个国家中，GDP超过万亿美元的国家仅4个，包括意大利、韩国、俄罗斯和印度尼西亚；其GDP合计为6.07万亿美元，占全球GDP比重为7.16%，约为中国GDP的41.2%。GDP在千亿美元级的国家有36个，包括土耳其、沙特阿拉伯、波兰、泰国、委内瑞拉、奥地利、尼日利亚、埃及、菲律宾、阿拉伯联合酋长国（以下简称阿联酋）、新加坡、马来西亚、南非、孟加拉国、越南、巴基斯坦、智利、罗马尼亚、捷克、葡萄牙、新西兰、伊朗、秘鲁、

---

① https://databank.worldbank.org/indicator/NY.GDP.MKTP.CD/1ff4a498/Popular-Indicators.

希腊、哈萨克斯坦、伊拉克、匈牙利、乌克兰、阿尔及利亚、卡塔尔、摩洛哥、埃塞俄比亚、古巴、科威特、斯洛伐克和肯尼亚;其 GDP 合计为 10.18 万亿美元,占全球 GDP 比重为 12.02%,约为中国 GDP 的 69.2%。其余 98 个国家的 GDP 均不超过千亿美元(表2-1)。

表2-1 2020年中国与共建国家GDP的比较

GDP 分级	国家个数 / 个	GDP 总量 / 万亿美元	占全球 GDP 比重 /%
>10 万亿美元	1(中国)	14.72	17.38
万亿美元级	4	6.07	7.16
千亿美元级	36	10.18	12.02
千亿美元以下	98	2.37	2.80
合计	139	33.34	39.36

资料来源:世界银行(https://databank.worldbank.org/indicator/NY.GDP.MKTP.CD/1ff4a498/Popular-Indicators)

(2)发展水平不高,以中低收入国家为主

根据世界银行分类标准,2020 年,共建国家中有 20 个低收入国家(人均 GDP 少于 1036 美元),45 个中等偏下收入国家(人均 GDP 为 1036~4045 美元),40 个中低收入国家(人均 GDP 为 4046~12 535 美元)和 33 个高收入国家(人均 GDP 高于 12 535 美元)。138 个共建国家的人均 GDP 只有 8170 美元,只相当于全球平均水平的 74.78%(2020 年全球人均 GDP 为 10 925 美元)。总的来说,共建国家整体经济发展水平较低,以中低收入国家为主。

高收入国家主要集中在中东欧地区(包括罗马尼亚、克罗地亚、波兰、匈牙利、拉脱维亚、斯洛伐克、捷克、爱沙尼亚和立陶宛),部分产油大国(如阿曼、巴林、沙特阿拉伯、科威特、卡塔尔、文莱和阿联酋),以及安提瓜和巴布达、纽埃、巴巴多斯、特立尼达和多巴哥、智利、乌拉圭、葡萄牙、马耳他、韩国、意大利、新西兰、奥地利、新加坡和卢森堡等国。

2.1.2 社会发展

(1)贫困发生率较高,撒哈拉以南非洲地区和南亚地区贫困问题最为突出

根据联合国开发计划署(UNDP)发布的《2020 人类发展报告——下一个前沿:人类发展与人类纪》(Human Development Report 2020: The Next Frontier: Human Development and The Anthropocene),共建国家贫困发生率总体较高。2019 年,绝大多数撒哈拉以南

非洲国家的贫困发生率都在 50% 以上。位于南亚的巴基斯坦、尼泊尔、孟加拉国等国家的贫困发生率也在 20% 以上，而东南亚多数国家的贫困发生率小于 10%，但柬埔寨和缅甸的贫困发生率却分别高达 37.2% 和 38.3%。中东欧以及中亚和北非的部分地区贫困发生率较低，多在 3% 以下。

（2）教育水平差距大，非洲和南亚地区低

2019 年，约有一半的共建国家平均受教育年限低于全球平均水平（8.5 年），主要集中在非洲和南亚地区。其中，非洲有相当数量的国家平均受教育年限不到 5 年。绝大多数欧洲国家以及俄罗斯和韩国的教育水平很高，平均受教育年限大于 12 年。蒙古国及中亚、西亚部分国家平均受教育年限也在 10 年以上；东南亚和拉丁美洲国家平均受教育年限多在 8～10 年，接近或略高于全球平均水平。

（3）除撒哈拉以南非洲地区和南亚地区之外，总体健康水平较高

从人口预期寿命看，欧洲、拉丁美洲以及北非和西亚部分国家人口健康水平较高，预期寿命在 75 岁以上；而整个撒哈拉以南非洲地区和南亚地区的人口预期寿命较低，不到 70 岁，低于全球平均预期寿命（72.8 岁）。俄罗斯、中亚和东南亚地区接近全球平均水平。

（4）城市化率略低于世界同期平均水平，与经济发展水平相适应

2020 年，共建国家平均城市化率为 55.6%，略低于世界同期 56.2% 的平均水平。总体上看，高城市化水平国家主要分布在欧洲、拉丁美洲、北非及西亚和东亚地区，这些地区绝大多数国家的城市化率都在 60% 以上。撒哈拉以南非洲地区以及中亚、南亚、东南亚地区城市化水平相对较低。

综上所述，共建国家总体上社会发展水平较低，且不同地区之间存在较大差异。南亚和撒哈拉以南非洲地区的社会发展水平低；欧洲地区社会发展水平较高；拉丁美洲社会发展水平总体一般，个别国家（如智利）较好。贫困和教育落后是共建国家社会发展面临的最大挑战。贫困问题主要集中在南亚和撒哈拉以南非洲地区，教育落后则覆盖了南亚和整个非洲地区。

2.1.3 经贸合作

（1）贸易联系日趋紧密

据国际贸易中心（International Trade Centre，ITC）数据，2013～2020 年，中国与共建国家的贸易额呈现在波动中上升的态势（图 2-1），年均增速达 2.51%，远高于同期世界贸易增长速度。具体来看，2014～2016 年，受世界整体贸易形势恶化的影响，中国与共建国家的贸易额有所回落，2016 年贸易额降至 14 082.35 亿美元。2019年，中国与共建国家的贸易额大幅回升至 19 025.74 亿美元，2016～2019 年年均增速达10.55%。2020 年受新冠疫情影响，贸易额有小幅度下降（增速为-0.4%）。其中，中国对共建国家的出口额呈现在波动中较快上升的态势。2013～2020 年，中国对共建国家的出口额从 7728.42 亿美元增长到 10 176.01 亿美元，年均增速达 4.01%。中国从共建国家的进口额呈先下降后上升再小幅下降的态势；受新冠疫情等影响，2020 年进口额下降至 8780.19 亿美元。

图2-1 2013～2020年中国与共建国家贸易态势

资料来源：国际贸易中心数据库（https://www.trademap.org）

从双方贸易占比看，2013 年以来，双方在各自对外贸易中的地位不断提高。2013～2020 年，共建国家在中国对外贸易中的份额从 38.50% 增长到 40.71%，呈不断增长态势。同时，中国也正在成为共建国家越来越重要的贸易伙伴。2013～2020 年，中国在共建国家贸易总额的占比从 11.94% 增长到 17.76%。

（2）双边投资合作逐渐增强

2013～2020 年，中国对共建国家的直接投资呈现在波动中上升的态势，年均增速达 4.83%。2020 年，直接投资达 289.93 亿美元，占中国对外直接投资比重为 18.86%（表2-2）。中国对共建国家投资的区域分布差异较大，2020 年主要集中在新加坡、印度尼西亚、泰国、越南等东南亚国家。同时，新加坡、印度尼西亚、马来西亚、老挝、阿联酋、泰国、越南也是中国对外直接投资存量较高的国家。

表2-2　2013～2020年中国对共建国家直接投资及比重

项目	2013 年	2014 年	2015 年	2016 年	2017 年	2018 年	2019 年	2020 年
对共建国家直接投资 / 亿美元	208.41	237.08	137.75	232.05	286.47	277.80	243.77	289.93
对外直接投资 / 亿美元	1078.44	1231.20	1456.67	1961.49	1582.88	1430.37	1369.08	1537.10
比重 /%	19.33	19.26	9.46	11.83	18.10	19.42	17.81	18.86

资料来源：《中国对外直接投资统计公报》（2013～2020年）

2013～2020 年，共建国家对中国的投资呈先上升后下降的态势，但整体保持稳定。2020 年，中国吸引共建国家投资有所回落，但仍达到 134.79 亿美元，占中国吸引外资比重为 9.34%（表 2-3）。其中，新加坡、韩国、萨摩亚、塞舌尔、意大利等国家对中国的投资相对较高。

表2-3　中国吸引共建国家的投资及比重

项目	2013 年	2014 年	2015 年	2016 年	2017 年	2018 年	2019 年	2020 年
中国吸引共建国家投资 / 亿美元	152.14	132.44	170.15	165.97	115.40	139.43	159.08	134.79
吸引对外直接投资 / 亿美元	1175.86	1195.62	1262.66	1260.01	1310.35	1349.66	1381.35	1443.69
比重 /%	12.94	11.08	13.48	13.17	8.81	10.33	11.52	9.34

资料来源：《中国统计年鉴》（2014～2021年）

（3）"一带一路"经贸合作面临新挑战

随着国际贸易形势不断恶化，"一带一路"经贸合作面临一些新的挑战。一是中国与共建国家经贸合作主要集中在东南亚、西亚，而其他区域的经贸合作规模尚小，中国亟须探索开发与其他共建国家的经贸合作潜力，拓展经贸合作空间。二是随着贸易保护主义不断抬头，逆全球化趋势上扬，中国与共建国家的经贸合作面临较大压力，双方亟须进一步提高贸易自由化便利化水平。三是俄乌冲突导致国际物流受到一定程度的影响，经贸合作的物流成本上升。

2.2 资源环境基础

2.2.1 自然地理概况与分区

共建国家覆盖欧亚大陆、非洲、拉丁美洲等区域,自然地理条件多样。其中,欧亚大陆突出的特点是,具有广阔的干旱内陆(超过 2000 万平方千米),破碎曲折的海岸带,庞大的半岛(总面积超过 1000 万平方千米),横穿大陆的高原和高山,以及丰饶的大河平原。以青藏高原为"龙头"向西存在一个高原和高山连绵带,包括帕米尔高原、昆仑山、兴都库什山、伊朗高原、高加索山、喀尔巴阡山、阿尔卑斯山等,被学术界称为"泛第三极"(刘卫东等,2019)。此外,在欧亚交界和欧洲部分存在众多的陆间海和内海,如黑海、里海、亚得里亚海、波罗的海,以及欧亚非交界的地中海。这种宏观地理结构不但造就了欧亚大陆的自然环境,也影响着人口分布、经贸交往和地缘政治。非洲为一高原大陆,地势较为平坦,典型的地形地貌单元包括撒哈拉沙漠、刚果盆地、东非高原、南非高原、埃塞俄比亚高原、东非大裂谷。拉丁美洲的自然地理环境复杂多元,典型的地形地貌单元包括墨西哥高原、西印度群岛山地、安第斯山脉、奥里诺科平原、圭亚那高原、亚马孙平原、巴西高原、拉普拉塔平原、巴塔哥尼亚高原等。

共建国家涵盖了赤道气候带、干燥气候带、暖温气候带、冷温气候带和极地气候带,以及其中的大多数气候类型;南北向穿越了热带、温带和寒带,东西向横跨季风气候、大陆性气候和沙漠气候,降水自沿海向内陆递减。在地质构造上,共建国家主要处于南方的印度-澳大利亚板块、阿拉伯板块、非洲板块、美洲板块和北方的欧亚大陆板块汇聚地区。

依据吴绍洪等(2018)的研究方法,共建国家大致可划分为 13 个自然地理区域。其中,中东欧寒冷湿润区地势低平,降水较为充沛,土地生产力水平较高,以林地和耕地为主;地中海湿润区地势较为平坦,降水充沛,亚热带地中海型气候,土地生产力水平高;蒙俄寒冷干旱区地势较为平坦,降水少,温度低,土地生产力水平极低,以林地和草地为主;中亚西亚干旱区南部地势高峻,北部地势平坦,降水稀少,土地生产力水平低,以沙漠、草地、灌丛为主;东南亚及太平洋温暖湿润区以丘陵和山地为主,降水充沛,土地生产力水平非常高,以耕地和林地为主;孟中印缅温暖湿润区地势平坦,大河平原占比高，降水充沛，土地生产力水平高，以耕地和林地为主；东亚东部季风区以丘陵和平原为主，降水较为充沛，土地生产力水平非常高，以耕地和林地为主；中国西北干旱区以高原和山地为主，夹有地势平坦的沙漠和戈壁，降水稀少，土地生产力水平很低，以草地和裸地为主；青藏高原区以高原和高山为主，降水较少，土地生产力水平极低，以草地和裸地为主；巴基斯坦干旱区西北部为高山、高原，东南部地势较为平坦，降水少，土地生产力水平低，以耕地和裸地为主；北非及撒哈拉热带沙漠区以极端干燥的气候及其导致的极端稀疏的植被为主要特点，土地生产力水平极低；撒哈拉以南草原区以高原为主，热带草原面积广大，土地生产力水平较低；中南美洲区气候以热带湿润类型为主，土地生产力水平较高。

2.2.2　碳排放与应对气候变化

共建国家大多为新兴市场，经济增长迅速，发展需求巨大。然而，共建国家陆域环境变化显著，普遍受到气候变化的冲击，未来灾害风险突出。与此同时，部分国家经济生产方式粗放，缺乏足够的资金和技术应对气候变化，减缓与适应气候变化能力不足（刘卫东等，2022）。

整体来看，共建国家占全球碳排放总量的比重整体趋于稳定。具体来看（World Bank，2022），2013～2018年，共建国家的碳排放总量从96.08亿吨增长至102.55亿吨，年均增长率约1.31%。从碳排放占比来看，2013～2018年，共建国家占全球碳排放总量的比重从29.01%变为29.91%，整体呈现平稳态势。从碳排放增长速度看，2013～2018年，也门、马耳他、乌克兰、刚果（金）等地区的碳排放总量呈下降趋势，年均降速分别为18.97%、8.14%、7.24%、4.66%；老挝、塔吉克斯坦、柬埔寨、缅甸等的碳排放总量呈上升趋势，年均增速分别为36.01%、22.09%、20.50%、19.35%。结合碳排放与经济发展的相对关系，2013～2018年，共建国家的碳排放强度从0.60千克/美元下降至0.56千克/美元，年均下降速率为1.54%。从全球尺度看，大多数共建国家的碳排放强度高于全球平均水平，碳排放强度年均下降速率低于全球平均水平（2.38%）。

根据共建国家提出的国家自主贡献目标，超过30%的减缓目标为有条件的减缓目标（如阿富汗、亚美尼亚等），另有近一半的国家提出的减缓目标包括有条件与无条件两种类型（如孟加拉国自主贡献目标包括无条件的5%及有条件的10%）。虽然自主贡献目标将显著减少全球温室气体排放，但是当下的自主贡献目标距离实现2℃/1.5℃温升控制目标仍有较大差距（UNEP，2021）。在此背景下，共建国家减缓目标的落实和减排力度的大幅提升势必依赖于国际社会资金、技术、能力建设等多方面的支持。

2.2.3 生物多样性

很多共建国家分布在全球生物多样性热点地区，是全球生物多样性最为丰富的地区之一，同时跨越物种富集和生态脆弱地区。尽管生物多样物种丰富，但共建国家的生物多样性保护面临经济社会快速发展时显得比较脆弱；尤其是一些欠发达地区在发展经济、改善民生时过度索取与开发生物资源，对生物多样性造成破坏。非洲、中亚、东南亚等地区是全球生物多样性热点地区和生物多样性保护优先区，面临着巨大的生物多样性保护压力。非洲人口的快速增长和农牧业的发展，尤其是经济作物种植导致的森林消失、土地沙漠化，以及盗猎和野生动物非法交易等，严重威胁着非洲的生物多样性。中亚地区是典型荒漠区，生物多样性较脆弱，受到农牧业等的破坏后动植物栖息地难以恢复（孟宏虎和高晓阳，2019）。东南亚的森林、内陆淡水和湿地等生态系统受到较大的威胁。例如，1990~2015 年，东南亚的森林覆盖率下降了 12.9%；在马来西亚和印度尼西亚的低地森林中，如果森林按目前的速度继续减少，预计今后几十年中有 29% 的鸟类和 24% 的哺乳动物可能会灭绝（刘卫东等，2019）。

2.2.4 主要自然灾害

复杂的地理地质环境导致大部分共建国家处于灾害易发、多发和频发地区，洪涝、干旱、地震、火山、飓风等灾害时有发生。一方面，共建国家气候类型复杂多样，降水区域差异明显，气象灾害种类多，每年至少有几十起甚至上百起重大或特别重大的气象灾害事件发生，包括洪灾、旱灾和风暴潮等。另一方面，地质构造复杂、地震活动频繁、地形高差大、侵蚀营力活跃，山地灾害（滑坡、泥石流、堰塞湖、溃决洪水等）极为发育，分布广泛，危害严重。东亚和南亚大部分国家滑坡灾害分布广泛；中亚和西亚国家发生滑坡、泥石流频率较高；靠近喜马拉雅山脉的南亚国家，滑坡、冰湖溃决等灾害多发。此外，受非洲板块、印度洋板块、欧亚板块与太平洋板块相互作用，共建国家的构造运动强烈。全球三大地震带中的两条分布于共建国家，地震活动频繁。1900~2019 年，共建国家共发生了 212 次 7 级以上地震，主要集中在亚洲地区，特别是中国、印度尼西亚、菲律宾、土耳其、伊朗、阿富汗、缅甸等国家（刘卫东等，2019）。地震还容易引起海啸，2004 年印度洋大海啸至今仍令人记忆犹新。

2.2.5 面临的主要问题

共建国家既有迫切的发展需求和巨大的发展潜力，同时也拥有复杂的地理条件，部分区域生态环境脆弱，发展与环境之间的压力很大。从生物多样性保护到维护脆弱的生态平衡，从碳排放到可能的环境污染，每一个生态环境议题都是"一带一路"建设过程中必须认真和妥善处理的，涉及全球或地方的可持续发展。

一是气候变化背景下的生态脆弱性与生物多样性保护问题。共建国家整体上生态系统比较脆弱，森林、草地、高山、内陆淡水和湿地等类型的生态系统存在一定程度的退化问题，受到人类活动干扰破坏后面临生态灾难的风险较大。生态脆弱地区主要是那些因干旱或低温导致土地生产力水平低或极低的地区，如中亚西亚干旱区、中国西北干旱区、青藏高原区、蒙俄寒冷干旱区，而这些地区又极易受到全球气候变化的影响。陈德亮等（2015）的研究表明，过去50年青藏高原地区的增温速度是全球平均水平的一倍。如果以这种速度持续增温下去，气候将会对冰冻圈带来巨大影响，进而波及发源于青藏高原的河流下游地区的生态系统，包括中亚大湖区及东南亚大河区。此外，共建国家也普遍面临着严峻的生物多样性保护问题。共建国家的生物多样性面对经济社会快速发展时显得更加脆弱；尤其是一些欠发达地区在发展经济、改善民生时过度索取与开发生物资源，对生物多样性造成很大的破坏。例如，非洲、中亚、东南亚、南美等地区是全球生物多样性热点地区和生物多样性保护优先区，然而其面临的生物多样性保护压力巨大（孟宏虎和高晓阳，2019）。"一带一路"建设，如果没有采取科学合理的保护措施，可能会加剧现有生物多样性减少和生态系统退化的趋势。

二是碳排放问题。在全球气候变化背景下，共建国家的碳排放得到了各界的关注。由于"一带一路"建设会促进共建国家的经济增长，相关研究担忧共建国家的碳排放会持续增长。当前，共建国家的人均碳排放量仍低于全球平均值。当然，由于承担"世界工厂"的劳动分工，共建国家碳排放强度高于全球平均值。根据《巴黎协定》，大多共建国家提出了量化的碳减排目标，做出了减缓和适应气候变化的承诺。然而，大多数目标的落实取决于国际社会资金、技术、能力建设方面的支持。因此，共同应对气候变化、推动低碳经济发展、减少碳排放，是"一带一路"建设过程中难以回避的问题（刘卫东，2019）。

三是采矿业和制造业发展带来的环境问题，如印染行业的废水排放、采掘金属矿的尾矿处置、油气及化工管线的泄漏等。这类问题与环境管制标准及企业管理水平有关，也涉及企业社会责任。一方面，参与"一带一路"建设的企业应严格遵守当地环境管制法规标准，承担企业社会责任（CSR），重点保护好环境；另一方面，也要积极与当地社区及各类环保组织进行充分沟通，逐步积累共同解决环保问题的经验。

2.3 疫情及其社会经济影响

2.3.1 总体疫情态势

从 Wind 数据库新冠疫情专题中下载的统计数据显示，截至 2022 年 12 月 31 日，共建国家累计确诊人数为 24 118.5 万人（图 2-2）。在新冠疫情暴发初期，共建国家大多采取较为严格的防疫措施，对防止疫情扩散有积极作用。2020 年 9 月下旬以前，共建国家的累计确诊人数增长较为缓慢，一直没有突破 1000 万人。2020 年 10 月，出现了新冠病毒的变异毒株"德尔塔"，日新增确诊人数开始快速上升。2020 年底，新冠疫苗开始投入使用，在一定程度上阻止了疫情的进一步扩散。2020 年 11 月初到 2021 年 12 月中旬，整体累计确诊人数呈现平稳增长的态势，日新增确诊人数在 20 万人上下波

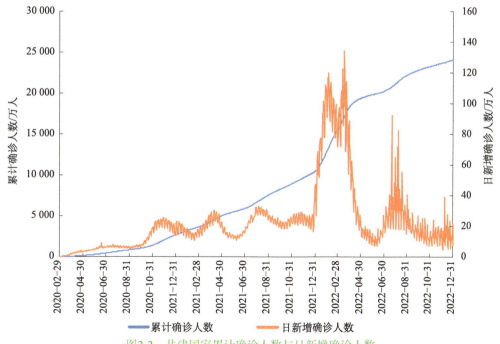

图2-2 共建国家累计确诊人数与日新增确诊人数

资料来源：Wind数据库-新冠疫情专题

动。2021 年 12 月下旬开始，受"奥密克戎"变异毒株的影响，共建国家疫情开始急剧
恶化，日新增确诊人数爆炸式增长，单日确诊人数多次突破百万人，累计确诊人数也
持续增长。2022 年下半年以来，疫情持续好转，日新增确诊人数波动下降，但依然维
持在高位。2022 年 12 月，共建国家日均新增确诊人数约为 13.9 万人。

从图 2-3 中可以发现，共建国家不同区域日新增确诊人数在所有共建国家日新增
确诊人数中的占比呈现出不同的演化特征，欧洲国家日新增确诊人数占比始终较高，
在 2020 年 3 月、2021 年 11 月等多个时期其占比超过 50%，西亚地区的日新增确诊
人数在疫情的前中期占比较高，而东亚和东南亚地区则是在疫情的中后期占比较高，
其余地区的日新增确诊人数占比一直保持在相对较低的水平。每个地区的具体情况
如下。

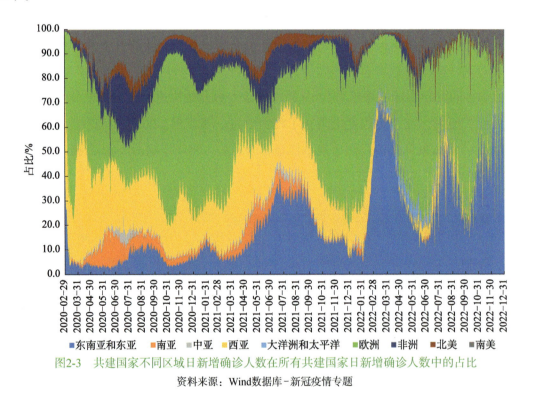

图2-3　共建国家不同区域日新增确诊人数在所有共建国家日新增确诊人数中的占比

资料来源：Wind数据库–新冠疫情专题

东南亚和东亚地区的疫情在 2021 年 6 月之前整体平稳，之后出现小规模爆发式增
长，2021 年 10 月起，疫情有所缓解，日新增确诊人数开始回落。但是当"奥密克戎"
蔓延到该地区后，日新增确诊人数开始激增。2022 年 3 月，日均新增确诊人数高达
60.3 万人，之后有所好转，2022 年 8 月再次反弹，日均新增确诊人数 15.3 万人，此后
疫情持续好转，日均新增确诊人数降至 2022 年第四季度的 5.8 万人。

中亚地区疫情态势相对较好，日均新增确诊人数在各期均低于其他亚洲地区，在"奥密克戎"流行之前有三次暴发，分别是 2020 年 7～8 月、2021 年 7 月和 2022 年 1 月，之后快速好转，仅在 2022 年 8 月有所反弹，2022 年第四季度日均新增确诊人数为 161 人。

南亚地区自疫情出现以来持续反复暴发，截至 2022 年 12 月末，南亚地区疫情一共有 5 次明显的暴发高峰。其中，2022 年 1 月出现的第五波疫情受"奥密克戎"影响最为剧烈，日新增确诊人数最高峰值超过 3.5 万人，但持续时间较短，在 2022 年 2 月以后日新增确诊人数开始快速下降，在一个月左右恢复到疫情初期水平，之后一直保持稳定，2022 年第四季度日均新增确诊人数为 196 人。

西亚地区的疫情防控政策相对较为严格，直到 2020 年 11 月才出现第一波较为剧烈的暴发，在此之前疫情态势平稳，日新增确诊人数在 1.3 万人附近波动。但是，自第一次疫情集中暴发后，疫情态势一直未得到有效控制，在"奥密克戎"大流行时进一步恶化，2022 年 1 月和 2 月，日均新增确诊人数分别为 11.2 万人和 15.6 万人，此后持续缓和，2022 年第四季度日均新增确诊人数降至 3589 人。

欧洲国家在疫情初期采取了相对严格的防控措施，疫情态势在 2020 年 9 月下旬之前较为稳定，但 2020 年 9 月底集中暴发，日新增确诊人数快速突破 10 万人，之后有所好转；2021 年 9 月，疫情有所反弹，日均新增确诊人数再次超过 10 万人；之后受"奥密克戎"影响，日新增确诊人数不断攀升，2022 年 1 月和 2 月，日均新增确诊人数高达 43.3 万人和 47.8 万人；此后疫情持续好转，2022 年第四季度日均新增确诊人数约 6.2 万人。

非洲国家疫情整体呈现多次反复暴发的态势。早期疫情形势较为严峻，日新增确诊人数在数次疫情恶化时期的最高值分别约为 3 万人、4 万人和 6 万人。由于非洲是"奥密克戎"变异毒株最先出现的地方，所以在 2021 年末就出现新增确诊人数的高峰，2021 年 12 月和 2022 年 1 月日均新增确诊人数分别为 3.2 万人和 3.3 万人；自 2022 年 1 月中旬以来疫情持续好转，2022 年第四季度日均新增确诊人数约 838 人。

北美地区的日新增确诊人数在 2021 年 7 月之前一直低于 1 万人，在 2021 年 7～10 月和 2022 年 1～3 月这两个时期分别出现疫情暴发的高峰，其中后一次疫情的暴发因受"奥密克戎"毒株的影响更为剧烈，在 2022 年 1 月日新增确诊人数多次突破 3 万人，累计确诊人数也在同年 2 月 4 日超过 350 万人。之后北美地区的整体疫情开始缓和，2022 年第二和第三季度的日均新增确诊人数约 3800 人，到 2022 年第四季度，日均新增确诊人数已经低于 1600 人。

南美地区疫情在 2020 年和 2021 年都较为稳定，日均新增确诊人数约 9400 人，未出现大规模暴发的情况。但是从 2022 年 1 月开始，受到"奥密克戎"毒株的影响，疫情开始逐渐失控，在 2022 年 1 月 12 日，日新增确诊人数首次超过 7 万人，紧接着到 1 月 21 日，日新增确诊人数达到峰值 13.4 万人。之后疫情开始逐渐好转，在 2022 年第三季度再次出现一次疫情小规模的暴发后，于第四季度恢复至疫情前中期的水平。

大洋洲和太平洋地区的疫情态势存在明显的两个阶段，在 2020 年与 2021 年疫情防控成果显著，其日均新增确诊人数不到 160 人。从 2022 年 1 月开始，日新增确诊人数直线上升，于 2 月 25 日突破 1 万人，很快于 3 月 2 日再次突破 2 万人，该地区在 2022 年前两个季度疫情虽有好转趋势但整体依然严峻，日均新增确诊人数约 7800 人，到第三季度疫情整体开始缓和，日均新增确诊人数降至 5000 人，第四季度日均新增确诊人数约为 3400 人，虽然较第三季度有所下降，但是该地区疫情从第四季度开始呈现出波动上升的趋势，日均新增确诊人数从 10 月的约 2700 人增加到 12 月的约 4600 人。

2.3.2 疫情对经济社会发展的影响

（1）疫情对共建国家经济社会的影响

疫情对共建国家经济产生了直接冲击。在有系统、完整统计数据的 130 个共建国家①中，确诊人数较多的是俄罗斯、土耳其、意大利等人口较多的国家，疫情最严重的前 10 个国家的累计确诊人数及 GDP 增速如表 2-4 所示。从表 2-4 中可以看出，除去韩国、越南和乌克兰经济数据缺失，以及伊朗因为国际货币基金组织（International Monetary Fund，IMF）使用美元进行结算导致 GDP 意外升高外，其余六国 2020 年实际 GDP 相比预测 GDP 均有不同程度的下降，下降百分点为 7.25～14.77。2020 年实际 GDP 大幅下降，导致各国 2021 年的 GDP 增速相比预测值有了一定的升高，升高百分点为 0.92～16.27。

表2-4 疫情最严重的前10个国家的累计确认人数及GDP增速

序号	国家	累计确诊人数／人	预测增速		实际增速	
			2020 年	2021 年	2020 年	2021 年
1	俄罗斯	17 611 404	1.20	3.43	−12.52	19.70
2	土耳其	14 708 850	9.43	11.15	−5.34	12.07

---

① 未列入分析范围的国家包括斐济、基里巴斯、库克群岛、萨摩亚、密克罗尼西亚联邦、纽埃、所罗门群岛、瓦努阿图。

序号	国家	累计确诊人数/人	预测增速		实际增速	
			2020 年	2021 年	2020 年	2021 年
3	意大利	13 895 188	1.26	2.80	-5.99	11.12
4	韩国	9936 540	—	—	—	—
5	越南	8089 761	—	—	—	—
6	伊朗	7142 287	1.00	2.87	43.04	52.05
7	印度尼西亚	5967 182	8.38	7.66	-5.37	11.90
8	波兰	5895 304	7.22	6.38	-0.09	12.99
9	乌克兰	4941 207	—	—	—	—
10	马来西亚	4010 952	4.44	7.34	-7.69	10.52

资料来源：预测增速（International Monetary Fund，2019），实际增速（International Monetary Fund，2022）

注："—"表示数据缺失

（2）疫情给共建国家带来的潜在风险与展望

新冠疫情给共建国家带来的影响除了直观的 GDP 下降以外，在宏观经济其他方面造成的潜在风险主要表现在通胀、贸易、就业等方面。

1）疫情对通胀的影响：疫情冲击下，以美国为首的西方国家采取量化宽松的货币政策以刺激经济恢复，在宽松的经济刺激政策作用下国际大宗商品的价格涨幅明显，玉米、大豆、小麦等农产品和铜、铝等有色金属价格相比 2019 年均有不同幅度的上涨。在此形势下，全球通胀压力加大，表现为通胀压力下各国进口需求减弱，进口额将会下降。

2）疫情对贸易的影响：新冠疫情导致经济下行风险加剧。共建国家的进口和出口都受到了疫情的巨大冲击，相比 2019 年的预测值 4.31% 和 7.2%（International Monetary Fund，2019），2020 年各国合计实际进出口增长分别为-7.27% 和-4.55%（International Monetary Fund，2022）。全球大宗商品价格上涨一定程度上削减了各国的进口需求，在价格效应的影响下进口额出现下降。相比于疫情的短期暴发规模，疫情的持续对进口有更大的负面影响。

3）疫情对就业的影响：新冠疫情加剧了各国失业率的增长，与 2019 年预测的 2020～2024 年各国平均失业率在 7.8% 左右浮动相比，疫情导致各国失业率居高不下，2022 年预测的同期数据均在 14% 以上（International Monetary Fund，2022）。

2.4 数字基础设施及电商发展

2.4.1 数字基础设施状况

共建国家数字基础设施整体发展水平不高，相关行业发展落后，大部分国家数字基础设施建设滞后于数字化发展要求，各国之间互联互通能力不足，且面临安全威胁。具体体现在以下几个方面。

（1）发展水平不高

大部分共建国家属于发展中国家。虽然各国对信息与通信技术（information and communication technology，ICT）的使用率在不断提升，但是与世界发达国家的差距仍然很大。据国际电信联盟ICT指标数据库最新数据，在2020年纳入统计的140个国家或地区中，有94个为共建国家，其家庭固定互联网普及率平均为13.76%，较世界其他国家平均25.83%尚存在不小的差距，且排名后50的国家中有43个属于共建国家。先进的数字基础设施是信息化发展的基石，相对薄弱的数字基础设施导致数字经济的整体发展受限，这是部分共建国家共同面临的问题。这种"数字鸿沟"带来的全球影响可能会使共建国家中部分发展中国家和最不发达国家被全球经济边缘化。

（2）发展不平衡

在共建国家中，中亚和南亚国家的数字基础设施发展普遍较为滞后，东南亚国家的数字基础设施发展参差不齐。根据国际电信联盟统计，新加坡的信息化发展指数（information development index，IDI）为8.05，而缅甸只有3.00，老挝仅为2.91。西亚的数字基础设施发展差距也很大，以色列等七国的IDI都在7以上，而叙利亚的IDI只有3.34。中东地区数字基础设施发展也极不平衡，部分国家建设滞后，网络基础设施不完善，尤其缺乏互联网交换点，相关基础设施大多集中于首都和大城市，宽带速度缓慢且成本居高不下，数据跨境互联互通和数据跨境传输尚未形成，使得数字区内的协调难度大，难以形成数字的"一带"和"一路"。受地理环境因素影响，中亚地区互联网使用成本非常高。非洲地区由于工业化发展水平较低，数字基础设施尤其是通信网络基础设施发展更为滞后。《非洲数字转型战略》（African Union's Digital Transformation Strategy）表明，近3亿非洲人仍旧生活在距离光纤或光缆宽带50千米以外的地区。

（3）面临安全威胁

数字基础设施涉及多个行业，如电信、公共交通、铁路航空等运输系统、银行和金融体系、能源系统、电力电网等，这些行业都越来越依赖于计算机网络，而且众多数字基础设施还连接到了公共互联网，如果关键的数字基础设施被破坏，就可能会对社会造成一连串的负面影响。数字基础设施中包含的漏洞和风险，如数据泄露风险、网络诈骗风险、隐私安全问题引起的罚款和诉讼风险等，会对共建国家数字基础设施的运营造成威胁。这些威胁可能来自黑客、恐怖分子、犯罪集团，以及主动发起网络战的主权国家或者外国情报机构等。例如，2012 年极端组织"博科圣地"在尼日利亚境内破坏了 530 座电信基站，导致其通信行业投资环境遭到严重影响，损失了将近 1.32 亿美元；2016 年黑客攻击了俄罗斯中央银行的电脑系统，窃走 3100 万美元。

2.4.2 跨境电商的状况

（1）市场规模与领域不断扩大，未来发展强劲

随着"一带一路"倡议实施的深入，中国与共建国家在跨境电商连接上越来越紧密，这进一步促进了中国电商的发展。从产品需求与消费结构分析，民间商贸日益活跃。随着海外消费者对中国商品和中国电商平台的了解，网购中国商品的品类越来越丰富。当前我国与共建国家跨境电商以出口为主，但进口占比在不断提高。跨境电商将更加强调规模优先：出口电商规模越大，其对于产品供应链和物流的整合力度越强；强化独立站点，相比第三方平台，独立站点的自主性更高，便于及时开展引流、销库存、售后服务等提升用户体验和经营效率；也将更加注重品牌化，直接面向消费者是出口的电商相较于制造商的根本优势，积极开展品牌运营和粉丝运营，提高产品品牌化率，打造持久竞争力。通过打造立体营销网络放大品牌优势，未来越来越多的企业将会依靠跨境电商平台走出去。

（2）物流费用高，运输通关时间长，效率低

跨境电商物流涉及国内外的物流、海关、运输等多个环节，物流产业链更长，环节更多，物流成本更高且更复杂。尤其是海关和商检两个环节，其操作难度和风险更大，无形中增加了跨境电商物流成本。据统计，近年来，跨境电商物流成本占商品总成本的 20%～30%，平均 1 千克包裹需要 100 元左右的运费。很多跨境电商中小企业综合考量之后，发现产品的利润空间还不足以支付物流费用。同时，共建国家跨境物流的运输效率低、时间长，跨境电商涉及不同国家之间的贸易，交易流程及物流过程较复杂和烦琐。许多共建国家之间由于存在不同的政策、文化、习惯等影响因素，在通关、报关、报检、结汇、退税和交接等环节规范准则不一致，从而导致跨境电商活动难以快速完成。清关和商检周期长、效率低，更加延长了运输时间，成为制约共建国家跨境电商发展的一大障碍。

本章参考文献

陈德亮，徐柏青，姚檀栋，等. 2015. 青藏高原环境变化科学评估：过去、现在与未来[J]. 科学通报，60（32）：1-2，3025-3035.

孟宏虎，高晓阳. 2019. "一带一路"上的全球生物多样性与保护[J]. 中国科学院院刊，34（7）：818-826.

刘卫东. 2019. 共建绿色丝路是"一带一路"建设必然选择[R/OL].http://www.china.com.cn/opinion/think/2019-04/28/content_74730592.htm[2023-06-01].

刘卫东，等. 2019. 共建绿色丝绸之路：资源环境基础与社会经济背景[M]. 北京：商务印书馆.

刘卫东，韩梦瑶，郝志新，等. 2022. "一带一路"沿线地区的气候变化评估报告[M]. 北京：商务印书馆.

吴绍洪，刘路路，刘燕华，等. 2018. "一带一路"陆域地理格局与环境变化风险[J]. 地理学报，73（7）：1214-1225.

International Monetary Fund. 2019. Global Manufacturing Downturn, Rising Trade Barriers. World Economic Outlook [R/OL]. https://www.imf.org/en/Publications/WEO/Issues/2019/10/01/world-economic-outlook-october-2019[2023-06-01].

International Monetary Fund. 2022. WAR SETS BACK THE GLOBAL RECOVERY. World Economic Outlook [R/OL]. https://www.imf.org/en/Publications/WEO/Issues/2022/04/19/world-economic-outlook-april-2022[2023-06-01].

UNDP. 2020. Human Development Report 2020 [R]. New York.

UNEP. 2021. Emissions Gap Report 2021 : The Heat is On [R]. Nairobi: United Nations Environment Programme.

World Bank. 2022. World Development Indicators [R/OL]. https://data.worldbank.org/[2023-06-01].

第 3 章

"一带一路"科技创新
与合作现状

"一带一路"是创新之路,科技合作是"一带一路"建设的先导和支撑。本章从世界科技发展趋势出发,深入分析共建国家研发支出、科研产出、研发人员、高科技产品出口、科研力量布局等,系统梳理我国与共建国家科技合作的基本态势、需求和存在的问题。当前,共建国家以发展中国家为主,研发投入、科研水平等差异性较大。我国与共建国家知识创新合作比技术创新合作更加活跃,重点聚焦在材料科学、电子与电气工程、环境科学等领域。新加坡是重要的论文和专利技术产出国,韩国、巴基斯坦、意大利、沙特阿拉伯等是论文合作核心国家。"一带一路"国际科技合作面临优化顶层设计和合作机制、合作模式,应对外部负面影响及人才、经费不足等挑战。

3.1 世界科技发展趋势

当前,世界正在经历百年未有之大变局。新一轮科技革命与产业变革深入发展,给人类社会发展带来新的机遇,成为百年未有之大变局的重要动力。全球科技创新空前活跃,以新角度、多尺度理解与调控物质和生命正取得革命性突破。数字经济蓬勃发展,成为世界各国后疫情时代经济振兴的重要抓手。科技进一步塑造世界地缘政治格局,世界主要国家进一步关注科技实力对国家核心竞争力与国际政治格局的关键影响。

3.1.1 新一代信息技术推动科学技术深刻变革

人工智能、5G、量子技术等新一代信息技术与用户创新、开放创新、大众创新、协同创新等创新模式结合,将给科学技术带来变革性影响,引发互联网、神经科学、计算科学等与其他技术高度融合的颠覆性创新。万物互联成为新趋势,全新的"人-机-物"三元融合加速形成,将综合利用人类社会、信息空间、物理世界的资源,通过物联网、移动互联网和通信等技术支撑协作进行大数据计算,促进信息服务进入普惠计算时代,给民众带来学习教育、娱乐购物、医疗卫生、地理信息等方面更高质量的服务。认知技术、量子信息技术、光子技术和变革性材料、器件的突破将为信息技术开拓新的发展空间。5G 技术将成为未来数字经济乃至数字社会的"神经系统",并带来一系列产业创新和巨大的经济及战略利益。新一代信息技术正在广泛而深入地渗透到经济社会发展的各个领域,与传统产业融合的速度不断加快,数字经济、绿色经济、生物经济等新产业体系蓬勃发展,全球创新版图与经济结构正在重构,人类社会处于生产力大变革、大发展、大跃升的新阶段。

3.1.2 新冠疫情加速生物技术研发及其应用

新冠疫情的暴发,让世界各国都加大了疫苗、药物研发等控制疫情、保障生命健康相关的研发投资。同时,各国都提高了对现代生物技术研发与应用规制、实验室生物安全保障、重大新发突发传染病、动植物疫情防控、生物多样性保护的关注,以建设自主生物安全体系。生物技术处于应对新冠疫情的最前沿。面对突如其来的新冠疫情,全球科技界迅速响应,开展新冠临床医学、致病机理、疫苗研发、检测技术开发、信息技术辅助的病患快速筛查、新冠疫情与环境因素的相互影响、大众和医护人员心理健康问题等研究,为疫情防控提供了高效的科技支撑。同时,新冠疫情加速了新技术的应用,如 mRNA 新冠疫苗从开发到获批仅用了数月时间,改进基于 CRISPR 的合成生物学平台用于新冠病毒的诊断检测等。此外,基因组测序、基因组编辑等生物技术工具发展持续迭代提速,推动技术应用向精准高效和规模化的方向发展。生物技术与新一代信息技术、自动化技术等交叉融合、相互促进,不断催生前沿重大颠覆性创新。

3.1.3 碳中和共识推进绿色技术创新

通过科技创新实现碳中和,已成为世界主要国家的共识。"减排"和"增汇"是绿色技术创新的主线。通过催化过程和工艺的革命性创新推进碳基能源高效催化转化,通过新型热力循环与高效热功转换实现清洁燃烧与高效发电,传统能源系统的低碳排放转型正在加速。以可再生能源、先进核能、氢能、储能技术为代表的关键技术,是实现碳中和的关键抓手,将促进新一代能源体系的建设。通过应用可再生电力、生物质、氢等清洁燃料来实现燃料端碳减排,通过工艺技术变革和创新、低碳替代产品研发、碳循环利用等来推动工业过程的碳减排,通过节能和能效提升技术来促进交通部门的短期脱碳,通过发展可持续性低碳燃料和电动化来实现交通部门的中长期脱碳,工业、交通等高排放行业的绿色低碳转型将推动碳中和目标的实现。生态固碳增汇，碳捕集、利用与封存，直接空气碳捕集以及碳循环利用等负碳排放关键技术的研发，将解决生产活动中无法通过技术手段减排的碳，促进碳中和目标的实现（曲建升等，2022）。

3.1.4 未来产业关键技术将成为科技创新的新动力

以人工智能、量子科技、5G、先进制造和生物技术等为代表的未来产业，正朝着智能、低碳、健康方向演进。各国在智能方面的部署主要聚焦半导体、人工智能、大数据、区块链、物联网、量子技术、下一代通信技术、超智能社会、传感器、机器人、先进计算技术、数字经济、脑神经信息、人机交互、网络安全、虚拟和增强现实技术、智慧城市等未来产业群，在低碳方面聚焦新能源、生物能源、绿色交通、氢能、低碳工业、低成本核能等未来产业群，在健康方面聚焦未来医学、生物医药、未来医院、生物信息学、疫苗研发、精准医疗、老龄化、健康食品等未来产业群。未来产业的发展将有助于人类更好地认识深海、深空、深地、深蓝四个空间，有助于5G、大数据、人工智能技术构建的数字空间，将会突破"需求引导新技术"的局限，开启"技术引致新需求"的双向通道，成为下一步创新动能的新增量（周波等，2021）。

3.2 共建国家科技发展基本情况

3.2.1 研发支出

共建国家的研发支出水平差距较大。根据世界银行数据，2014～2018年，87个共建国家（其他51个国家数据缺失）年均研发支出占GDP的比重为0.59%，远低于2.12%的世界平均水平。仅韩国和奥地利两个国家研发支出占比超过世界平均水平，分别达到4.17%和3.11%；新加坡和斯洛文尼亚虽然超过2%，但仍低于世界平均水平；11个国家（如俄罗斯、意大利、新西兰等）处于1%～2%；大部分国家（72个）低于1%。研发支出占比较高的国家主要在亚洲和中东欧地区，而非洲地区这一指标普遍较低，且较多国家缺少相关数据。相较而言，2014～2018年中国研发支出占比已达2.07%，略低于世界平均水平，但远高于共建国家的平均水平。

3.2.2 科研产出

从专利产出角度看，共建国家科技发展活跃程度与社会创新能力极不平衡。根据世界银行数据，2014~2020 年，103 个共建国家（其他 35 个共建国家数据缺失）年均专利申请量为 2431 件，其中申请量超过 2 万件的只有韩国和俄罗斯。韩国的优势突出，专利申请量超过 16 万件。伊朗、意大利、土耳其也达到 5000 件以上；来自中东欧、西亚和南亚等的 7 个国家专利申请量在 1000~5000 件；大部分国家（91 个）专利申请量在 1000 件以内，主要分布在非洲、中东欧、西亚、中亚、南亚和南美等地区。2014~2020 年，中国年均居民专利申请量达到 117.2 万件，远超共建国家的专利申请总量。

从论文产出角度看，共建国家在物理、生物、化学、数学、临床医学、生物医学、工程技术、地球和空间科学等科技领域的论文产出也存在较大差异。根据世界银行数据，2014~2020 年，135 个共建国家（其他 3 个共建国家数据缺失）年均科技期刊论文数量为 4590 篇。其中，韩国、土耳其、波兰、伊朗、俄罗斯、意大利等国家的年均科技期刊论文数量均超过 3 万篇；捷克、埃及、新加坡、马来西亚、巴基斯坦、沙特阿拉伯、泰国、南非、印度尼西亚、奥地利、希腊、葡萄牙这 12 个国家的年均科技期刊论文数量为 1 万~3 万篇；大部分国家（117 个）年均科技期刊论文数量小于 1 万篇。2014~2020 年，中国科技期刊论文年均科技期刊论文数量达 50.10 万篇。

3.2.3 研发人员

根据世界银行统计数据，2014~2018 年，77 个共建国家（其他 61 国数据缺失）平均每百万人口拥有研发人员数 1329 人。其中，每百万人口拥有研发人员数在 3000 人以上的国家有 11 个，主要包括中东欧地区的较发达国家及韩国、新加坡等亚洲国家。排名前列的韩国、新加坡、新西兰、奥地利等国达到了 5000 人以上。33 个共建国家每百万人口拥有研发人员数为 500~3000 人，包括北非、中东欧及亚洲的大部分地区等；其余 33 个国家则不足 500 人，主要分布在非洲地区及西亚、南亚、南美等地区。2014~2018 年，中国平均每百万人口拥有研发人员数为 5969 人，低于韩国和新加坡，但略高于新西兰和奥地利。

3.2.4　高科技产品出口

根据世界银行数据库，2014～2020年，116个共建国家（其他22个国家数据缺失）平均高科技产品出口占比为8.74%，远低于20.17%的世界平均水平。8个国家的高科技产品出口占比超过30%。主要包括三类：①菲律宾、马来西亚、越南等东南亚国家，凭借其优越的地理位置、快速发展的经济、高素质低成本劳动力、灵活的制造能力及逐步扩大的市场，成为一些高科技品牌制造基地，集成电路和电子元件、电子数据处理和办公设备、通信设备等占据了出口的很大比例；②韩国、新加坡等国家，除加工和组装外，本身科技研发能力比较强，如韩国有三星、LG等知名电子产品巨头；③哈萨克斯坦等国家，凭借其丰富的矿藏资源和农业资源优势大力发展相关行业，其高科技产品出口也超过三成。高科技产品出口占比为10%～30%的24个国家主要分布在南亚、中东欧及西非地区，如拉脱维亚、以色列与捷克侧重出口高端军工产品，爱沙尼亚与匈牙利重点出口电子工业产品，泰国高科技出口产品以集成电路（integrated circuit，IC）及零件、压缩机、汽车与汽车零件等为主。其他国家（84个）的高科技产品出口占比则在10%以下，其原因在于自然资源出口份额较大（西亚地区），或处在低端制造业、经济体量过小无法支撑过多高科技研发等。2014～2020年，中国年均高科技产品出口占比达30.68%，远高于共建国家和世界平均水平。

3.2.5　科研力量布局

高校作为国家创新体系的重要组成部分，其一定程度上可以反映国家的科研实力。根据2022年QS全球大学排名（前1000名），共建国家中共有54个国家的341所大学进入榜单，84个国家没有大学进入榜单。从QS大学数量来看，意大利、俄罗斯、韩国进入榜单大学数量较多，分别有37所、35所、30所大学进入QS全球大学排名；除此之外，拥有10所以上QS大学的6个国家包括马来西亚（18所）、波兰（15所）、沙特阿拉伯（13所）、哈萨克斯坦（12所）、捷克（10所）、阿联酋（10所），主要分布在东欧、西亚、东南亚等地区；45个国家有不到10所大学进入QS榜单，而其中的24国仅有2所高校进入榜单。中国有53所大学进入2022年QS全球大学榜单前1000名。

从创新企业来看，根据科睿唯安（Clarivate Analytics）发布的"2022年度全球百强创新机构"榜单，仅有韩国（5家）和沙特阿拉伯（1家）有企业入选。韩国5个入围企业分别是现代汽车（排名 41）、起亚汽车（排名 46）、LG 集团（排名 51）、三星集团（排名 74）、SK 集团（排名 82），主要集中在汽车、工业、电子和计算机设备等领域。沙特阿拉伯的沙特和美（排名 75）则属于能源和电气领域。中国大陆有阿里巴巴（排名 5）、蚂蚁集团（排名 7）、京东方（排名 11）、华为（排名 40）和 TCL（排名 88）5家机构上榜，中国台湾地区有 9 家机构上榜。

从前述共建国家科技发展水平指标综合来看，亚洲地区尤其是东亚和东南亚地区、中东欧地区的科技发展水平较高，其次中亚、南美、北非等地区也具有一定的科技发展水平，大部分非洲国家科技实力较弱。各项科技发展指标靠前的国家见表 3-1。韩国各项科技发展指标均表现出绝对的领先优势，6 项指标均排在 138 个共建国家的前 10位，研发支出占比、专利申请量、每百万人口拥有研发人员数 3 项指标排名均为第 1，科技期刊论文数量、进入 QS 2022 榜单大学数量也排在前 3 位。捷克、意大利、新加坡、奥地利等国家科技发展水平也较高，分别有 4 个指标排在前 10 位；葡萄牙、俄罗斯、波兰、马来西亚等国家有 3 个指标排在前 10 位。

表3-1 科技发展水平领先国家的各指标排名

国家	研发支出占比	专利申请量	每百万人口拥有研发人员数	高科技产品出口占比	科技期刊论文数量	进入 QS2022 榜单大学数量
韩国	1	1	1	5	2	3
捷克	5	18	8	12	8	9
意大利	7	4	18	43	1	2
新加坡	4	10	2	2	12	37
奥地利	2	8	4	21	10	19
葡萄牙	9	19	7	59	9	24
俄罗斯	13	2	12	22	3	1
波兰	14	6	15	31	5	7
马来西亚	12	11	17	3	7	4

注：■ 排名前10位　■ 排名11~20位　□ 排名21位以后

3.3 我国与共建国家科技合作的基本态势

3.3.1 我国国家部委支持的合作

科学技术部等出台了《推进"一带一路"建设科技创新合作专项规划》[①]、《"创新之路"合作倡议》[②]、《创新创业国际合作共同行动倡议》[③]等战略规划，提出科技人文交流、共建联合实验室、科技园区合作、技术转移4项行动并探索可持续的科技创新合作模式。2016～2020年，科学技术部共支持与共建国家联合研究项目1118项，累计投入中央财政经费29.9亿元;在农业、新能源、卫生健康等领域启动建设了共三批次53家"一带一路"联合实验室，涉及30多个共建国家。此外，还与共建国家联合建立了31个双边或者多边的国际技术转移中心。在人文交流方面，共建国家来华交流培训的科技人员达到约18万人次，来华开展短期科研工作的青年科学家人数达到14 201名。组织了面向非洲、东盟、南亚等国家或地区的科研人员"创新中国行"活动，初步形成了多层次科技人文交流体系（科技部，2021）。

教育部出台了《推进共建"一带一路"教育行动》（教育部，2017）、《高校科技创新服务"一带一路"倡议行动计划》（教育部，2018）、《推进共建"一带一路"教育行动国际合作备忘录》（教育部，2019）等战略规划，并设计实施了"丝绸之路"留学推进计划、"丝绸之路"合作办学推进计划、"丝绸之路"师资培训推进计划和"丝绸之路"人才联合培养推进计划，加强在教育等领域的合作。截至2020年底，教育部已与45个共建国家签署了高等教育学历学位互认协议;先后批复了中外合作办学机构（项目）2363个（包括已停止机构和项目），其中包括150余所高校与10余个共建国家开展的265个中外合作办学机构（项目）[④]。

国家自然科学基金委员会讨论了"一带一路科学人才合作资助框架"，通过了《支

---

① 科技部等四部委出台《推进"一带一路"建设科技创新合作专项规划》[EB/OL]. https://www.gov.cn/xinwen/2016-10/04/content_5115069.htm[2023-06-01].

② 第二届"一带一路"国际合作高峰论坛"创新之路"分论坛在京举行[EB/OL]. http://www.gov.cn/xinwen/2019-04/28/content_5387038.htm[2023-06-01].

③ 中国科技部向全球发布《创新创业国际合作共同行动倡议》[EB/OL].https://www.yidaiyilu.gov.cn/xwzx/bwdt/149011.htm[2023-06-01].

④ 数据由作者根据教育部中外合作办学监管工作信息平台统计所得，https://www.crs.jsj.edu.cn/index/sort/1008.

持科学人才合作，共创一带一路未来联合宣言》（国家自然科学基金委员会，2017），并发布了《国家自然科学基金"一带一路"可持续发展国际合作科学计划实施方案》。根据国家自然科学基金委员会国际合作局项目统计，截至 2020 年底，国家自然科学基金委员会已与 20 余个共建国家和有关国际组织签署了 36 份合作协议（谅解备忘录），并资助联合研究项目超过 800 项（不完全统计），资助力度超过 10 亿元（除金砖国家资助项目）。其中，欧洲 7 亿元，亚洲 3.5 亿元，非洲埃及 0.7 亿元。

国家中医药管理局发布实施了《中医药"一带一路"发展规划（2016—2020 年）》（国家中医药管理局，2017）。截至 2020 年底，在全球共设立 54 个中医药海外中心，具体分布在欧洲（26 个，占比 48%）、亚洲（15 个，占比 28%）、大洋洲（6 个，占比 11%）、非洲（5 个，占比 9%）、北美洲（2 个，占比 4%）等国家和地区，贯通欧亚大陆，并形成了自身品牌特色。另外，截至 2019 年中医药已传播到 180 多个国家和地区，中国已同外国政府、地区主管机构和国际组织签署了 86 个中医药合作协议（高静等，2020）。

3.3.2 科研机构、高校、协会和学会的合作

中国科学院、中国工程院、中国医学科学院和中国农业科学院等科研机构也积极参与"一带一路"科技交流合作。

中国科学院在"一带一路"倡议框架下，启动实施了"共建'一带一路'国际科技合作行动"，打造"创新之路""绿色丝绸之路"，促进"民心相通"和建设"一带一路"创新共同体（中国科学院，2017）。截至 2019 年 4 月，累计投入经费超过 18 亿元。具体包括：一是牵头成立了首个综合性国际科技组织，即"一带一路"国际科学组织联盟（ANSO），截至 2021 年 3 月有 9 家理事会成员单位和 58 家其他成员单位；二是启动实施"丝路环境专项"，与共建国家科学家携手研究绿色丝绸之路建设路径和方案；三是为共建国家培养培训科技人才（科技交流合作规模超过 12 万人次）；四是建设了 10 个海外科教中心；五是积极牵头组织国际大科学计划和大科学工程［"数字丝路"国际科学计划（成立了 8 个国际卓越中心），中泰大科学装置］；六是加强科技成果在共建国家的落地应用［如（新加坡）全球"一带一路"技术转移转化中心、中国科学院曼谷创新合作中心］。

截至 2019 年底，中国工程院已同世界 40 多个国家的国家工程院、有关国际工程科技组织建立密切联系，与 32 个共建国家开展合作，构建起"一带一路"国际工程科

技合作基本框架（孙自法，2019）。

截至 2020 年底，中国农业科学院已与 20 多个共建国家的国家科学院、农业科学院、农业研究中心等机构建立了密切合作，积极打造不同区域、不同类型、不同需求的海外农业科技联合实验室。新建中国-哈萨克斯坦农业科学联合实验室、印尼及中国禽病控制联合实验室、中国-乌兹别克斯坦棉花"一带一路"联合实验室等 23 个国际联合实验室（平台）。

国内高校在教育部《推动共建"一带一路"教育行动》框架下，成立了 30 多个"一带一路"高校战略联盟，推动共建国家大学之间在教育、科技、文化等领域的全面交流合作；另外，39 所高校成立了"一带一路"相关的学院/研究院/研究中心，通过建立智库的形式开展"一带一路"交流合作（朱以财和刘志民，2019）。

中国科学技术协会成立了"一带一路"国际组织合作平台建设项目领导小组，并建立"一带一路"国际科技组织合作平台，推进合作项目及联盟工作。中国欧洲经济技术合作协会下设"一带一路"智慧城市建设工作委员会，围绕"一带一路"开展国际合作。

3.3.3 科技型企业、产业联盟的合作

大部分科技型企业（龙头）与共建国家实质性科技交流不多，主要方式为参与国际会议、相互参访、进入共建国家市场或承包项目。少部分企业加入"一带一路"直接相关的项目/联盟，主要涉及电信通信、软件、生物医药、新能源、新基建、智慧农业和电子商务领域等。

各类产业联盟主要通过承办领域内国际会议、参加国际会议、加入国际组织的方式进行对外（包括共建国家）科技交流。少部分联盟以参观、培训的方式与共建国家进行科技交流，直接合作较少。例如，2018 年，共建国家工业装备标准化能力建设研修班在常州举办；2020 年，"一带一路"信息产业国际合作高峰论坛在上海举办，聚焦"一带一路"新型基础设施建设、民营经济参与"数字丝绸之路"、国际投资合作、贸易、法律、区块链技术、在线新经济等议题（"一带一路"信息产业发展联盟，2020）。

3.3.4 园区合作

科技合作园区是深化我国与共建国家科技合作的重要空间载体，包括我国与当地政府和企业合作建设的各类开发区、科技园区、产业园区等多种形式。从境外合作园

区类型来看,大体可以分为高新技术园区、综合产业园区、农业产业园区、轻工业园区、重工业园区和物流合作园区六大类。2020 年,高新技术园区占园区总量的 6%,高新技术园区通常发展生物医药、高端制造等技术创新水平较高的产业类型。其他类型的广义科技合作园区数量居多,综合产业园区、农业产业园区、轻工业园区、重工业园区和物流园区占比分别为 35%、26%、14%、13%、6%[①]。整体来说,我国与共建国家建设的境外科技合作园区产业类型多样,但高新技术园区数量相对较少。未来的科技合作园区将进一步汇聚创新资源,推广适用技术,推动技术转移转化、加强与共建国家产能合作,成为我国与共建国家科技合作的重要空间载体。

3.3.5 重点领域论文合作

自 2013 年"一带一路"倡议提出以来,中国与共建国家的科技合作不断加强,论文合作广泛。以 Web of Science 为检索平台,截至检索日(2022 年 5 月 20 日),除安提瓜和巴布达外,中国与 137 个共建国家皆有论文合作发表,论文合作数量由 2014 年的 13 266 篇增长至 2021 年的 49 222 篇。论文合作的重点国家包括新加坡、韩国、巴基斯坦、意大利、沙特阿拉伯、俄罗斯、波兰、马来西亚、新西兰、伊朗等,合作领域涉及材料科学、电子与电气工程、环境科学、化学物理和应用物理等多个学科领域。中国科学院、北京大学、上海交通大学、清华大学、浙江大学等高校和科研机构积极参与"一带一路"科技合作,其中具有多学科优势的中国科学院更是"一带一路"科技交流的重要参与者,其论文合作数量高居榜首。"一带一路"科技合作的重要参与者还包括新加坡国立大学、南洋理工大学、俄罗斯科学院等。

从中国与共建国家在环境生态、粮食安全、生命健康和绿色技术 4 个重点合作领域的论文合作情况来看,截至 2022 年 5 月,4 个重点领域的合作论文总数分别达到 18 097 篇、16 420 篇、34 592 篇和 17 641 篇。尤其是 2017 年共建"一带一路"科技创新行动计划启动以来,我国与共建国家的国际科技合作不断走深走实,近年来,合作论文申请量快速增长。我国与大多数共建国家均有论文合作。除了韩国、新加坡等发达国家与中国有较多科技合作外,随着中巴经济走廊建设的推进,中国的重要伙伴国巴基斯坦与中国学者在环境生态、粮食安全、绿色技术领域的论文合作数量最多。从重点机构来看,中国科学院也是 4 个重点领域"一带一路"科技合作的重要科研力量。

---

① 数据来源:中国境外产业园区信息数据集(DOI:10.11922/csdata.2019.0028.zh)和商务部(http://fec.mofcom.gov.cn/article/jwjmhzq/article01.shtml)。

3.3.6 科技合作专利

专利是全球科技创新成果的最主要体现方式，而专利合作是科技合作的主要形式。采用 incoPat 专利数据库，截至检索日（2022 年 5 月 20 日）中国与共建国家合作申请专利共计 7061 件。自 2017 年共建"一带一路"科技创新行动计划启动以来，中国与共建国家合作专利申请量有了明显的增长，2019 年合作专利申请量达到 900 余件。从国家分布来看，与中国有专利合作的共建国家不足 1/3，专利合作集中在少数大国，多数经济欠发达的中小国家仅有少量申请。合作专利申请量前十的国家占总体合作量的 94.3%，大量共建国家在与中国共同开展专利技术合作中活跃度低，尚未挖掘出技术合作潜力。从技术领域来看，中国与共建国家专利合作技术领域主要涉及数字通信、计算机技术、仪器仪表、药物及有机化学、机械制造等。

3.4 共建国家科技合作需求与问题

3.4.1 科技合作需求

当前，新一轮科技革命和产业变革浪潮涌起，人类面临的新冠疫情、气候变化等共同挑战更趋复杂严峻，这些给共建国家的社会和经济带来巨大冲击，同时也带来需求的转变。各国不仅注重在生态环境、农业科技等基础领域的合作，更着眼长远，注重与中国在新兴前沿技术领域开展科技合作。例如，新一代信息通信技术、人工智能、新材料、生物医药、数字经济等，当前共建"数字丝绸之路"方兴未艾，绿色基建、绿色产业、绿色技术、绿色金融等合作空间同样广阔。共建国家也意识到随着与中国科技合作的走深，科技合作对本国的劳动力提出了更高的要求，需要培养高素质的劳动力以学习中国的新技术和开展新实践，这使得对"一带一路"多元复合型创新人才、应用型人才的需求也随之增加。另外，共建国家渴望经济发展和改善民生的实际诉求强烈，迫切希望相关技术的快速落地和市场化推广，以提升产业技术水平、促进经济快速发展。此外，共建国家已成为我国重要的贸易板块（商务部国际贸易经济合作研究院，2021），中国作为"一带一路"倡议国理应走好"一带一路"高质量发展之路以展现使命和担当，这就在一定程度上倒逼中国在科技、产业等方面加快自主创新，通过创新资源的双向流动，加强与共建国家的科技交往，稳固和扩大我国科技合作朋友圈。

3.4.2 科技合作问题

科技合作顶层设计和合作机制有待完善优化。国家层面的规划尚待更新，缺乏整体的战略设计，政策制定与执行将不可避免地碎片化和分散化。科技合作机制还不健全，合作保障措施有待加强，目前签署的科技合作意向文件，在微观层面上还缺乏强有力的保障措施，需要日臻完善。

科技合作外部环境不稳定性增加。疫情带来的经济衰退给发展中国家带来了严重的打击，减弱了部分共建国家的科技合作意愿。欧美国家有意强化科技的垄断性与国界性，借助自身成熟的研发体系和技术引领能力加大力度笼络东南亚国家联盟（简称东盟）等关键地区，美国、欧洲联盟（简称欧盟）为抗衡"一带一路"倡议提出的全球基建计划等都增加了与我国"一带一路"国际科技合作交流合作的难度。境外一些媒体甚至刻意放大或者歪曲中国对"一带一路"建设的影响，误导共建国家民众及媒体对"一带一路"科技合作的信任感和信心，不利于"一带一路"科技合作。

科技合作模式有待优化。共建国家政治、经济、创新能力差异较大，其面临的发展任务和发展目标处于不同层次，大量共建国家受限于经济发展水平和创新能力，自身创新活动不活跃，尚不能形成政府力量和社会资源协调推进的机制，合作需求、资源调配等方面增加了科技合作方案的对接难度，从而在一定程度上影响了"一带一路"科技创新共同体愿景的达成。

科技合作主体匮乏。中国在"一带一路"建设中倡导"政府搭台、企业唱戏"，然而在实践中，由于科技合作带来的短期经济提升效益相对较弱，各类创新主体参与国际科技合作的积极性还有待挖掘，企业等民间国际科技合作仍显不足，科研机构与企业"抱团出海"的工作进展缓慢，缺少完备的机制促进科研机构与企业各尽所能、各施所长，导致援助资金和商业资本难以有效结合，对项目的经济效益和可持续发展重视程度不够，造成项目长期依赖援助资金或移交后快速没落。

科技合作深度还需提升。大部分共建国家科研资金较少，大多依赖于世界银行、亚洲开发银行、联合国粮食及农业组织等国际组织，中国所提供的无偿资金援助有一定上限，而经济相对落后的合作国家更是难以稳定提供合作资金，资金短缺直接影响国际合作项目的实施进程及质量。在全力推动健康丝绸之路、数字丝绸之路、绿色丝绸之路建设中，还面临中国标准认可度低、在国际标准体系中的竞争力不足等问题。

科技人才合作尚处于起步阶段。当前与共建国家的科技人才合作主要聚焦职业教育、技能培训、留学生培养等，基于研究诉求特别是产业化研究诉求推动的科技人才合作十分缺乏，高层次人才、机构间联合开展科技研发、早期技术突破合作较少，共建联合实验室等常态化国际合作交流平台还处于建设阶段。科研人员跨境合作在税收征收、科研资金跨境流动、科研设备和物资进出口等方面的合作机制还有待完善。涉及国际科技合作的项目管理、中介服务、知识产权、风险管理和涉外谈判等方面的人才仍较为短缺。

本章参考文献

高静，郑晓红，孙志广.2020."一带一路"背景下中医药海外中心建设与发展——以南京中医药大学为例[J].南京中医药大学学报（社会科学版），21（2）：123-127.

国家中医药管理局.2017.中医药"一带一路"发展规划（2016—2020年）[EB/OL].http://www.natcm.gov.cn/bangongshi/gongzuodongtai/2018-03-24/1330.html［2023-06-01］.

国家自然科学基金委员会.2017.国家自然科学基金委员会支持科学人才合作，共创"一带一路"未来新闻发布会在京举行[EB/OL].https://www.nsfc.gov.cn/publish/portal0/tab445/info69637.htm[2023-06-01].

教育部.2017.教育部关于印发《推进共建"一带一路"教育行动》的通知[EB/OL].http://www.gov.cn/gongbao/content/2017/content_5181096.htm[2023-06-01].

教育部.2018.教育部关于印发《高校科技创新服务"一带一路"倡议行动计划》的通知[EB/OL].http://www.moe.gov.cn/srcsite/A16/kjs_gjhz/201901/t20190102_365666.html[2023-06-01].

教育部.2019.全面推进共建"一带一路"教育行动 教育部与四省市签署《推进共建"一带一路"教育行动国际合作备忘录》[EB/OL].http://www.moe.gov.cn/jyb_xwfb/gzdt_gzdt/moe_1485/201902/t20190219_370193.html［2023-06-01］.

科技部.2021.累计投入近30亿元支持"一带一路"科研项目合作[EB/OL].https://m.thepaper.cn/baijiahao_12973145［2023-06-01］.

曲建升，陈伟，曾静静，等.2022.国际碳中和战略行动与科技布局分析及对我国的启示建议[J].中国科学院院刊，37（4）：444-458.

商务部国际贸易经济合作研究院.2021.中国"一带一路"贸易投资发展报告2021[R].

孙自法. 2019. 中国工程院已构建"一带一路"国际工程科技合作基本框架 [EB/OL].
    https://www.chinanews.com.cn/gn/2019/10-16/8980884.shtml[2023-06-01].

"一带一路"信息产业发展联盟. 2020. 2020 "一带一路"信息产业国际合作高峰论
    坛 [EB/OL]. http://iiso.org.cn/h-col-152.html[2023-06-01].

中国科学院. 2017. 中国科学院共建"一带一路"国际科技合作行动方案 [EB/OL].
    http://www.cas.cn/cm/201705/t20170509_4600002.shtml[2023-06-01].

周波, 冷伏海, 李宏, 等. 2021. 世界主要国家未来产业发展部署与启示[J]. 中国科学
    院院刊, 36 (11): 1337-1347.

朱以财, 刘志民. 2019. "一带一路"高校战略联盟建设的现状、困境与路径[J]. 比较教
    育研究, 41 (9): 3-10.

第 4 章

科技合作支撑"一带一路"
高质量发展的战略途径

科技合作是推动"一带一路"建设高质量发展的重要支撑，也是拓展"一带一路"建设新领域和新空间的重要环节。在日趋复杂和严峻的国际环境中，特别是在美国不断挑起基于意识形态的竞争和"围堵"的形势下，科技合作可以在开拓健康、绿色、数字、创新等新领域以及拓展经贸合作新空间中发挥不可替代的作用，对于提升我国的"软实力"具有重要意义。应高度重视、整体谋划、统筹资源、创新机制，推动"一带一路"科技合作迈上新台阶。本章将深入探讨科技合作在"一带一路"高质量发展中的作用，总结阐述科技合作的国际经验，提出科技合作支撑"一带一路"高质量发展的战略思路与目标，进而明确重点领域的科技合作方向与重点任务。

4.1 科技合作在"一带一路"高质量发展中的作用

4.1.1 开展民生科技合作，有助于适用技术推广、促进当地社会经济发展

大多数共建国家处于工业化初期，其工业化水平、科技发展水平与发达国家存在较大差距，应对气候变化、实现可持续发展的能力较弱。在"一带一路"建设过程中，聚焦共同面临的经济、社会、环境、气候变化等挑战，开展民生科技合作，有助于共建国家获得关键适用技术，探索解决问题的新途径，促进这些国家实现绿色、惠民生的高质量发展，以及联合国可持续发展目标。

例如，大多数共建国家面临水资源短缺问题，开展农业节水技术合作是共建国家的共同诉求。"一带一路"倡议提出十年来，通过棉花膜下滴灌等农业节水领域的科技合作，推动了中国棉花膜下滴灌高效种植技术及其配套的整地、栽培、化调的农业机械的示范推广，降低了相关国家农业发展对水资源的需求，缓解了中亚、非洲国家等农业发展的水资源压力。同时，提升了当地农民的种植技术，促进了当地农民收入水平的提高。此外，依托适用农业技术示范工程，推动了中国与中亚及非洲相关国家的双边和多边科研中心落地。

4.1.2　开展科研项目务实合作，有助于共同解决全球性基础科学问题

在新冠疫情暴发以及数字技术和 5G 技术快速发展的新形势和新变化下，在"一带一路"框架下开展健康、绿色、数字、创新等领域的务实科研合作，有助于建立全球科技合作新的连接点，共同解决全球性基础科学问题。

卫生与健康问题已经成为日趋严峻的全球性挑战。面对突如其来的新冠疫情，各国迫切需要抗疫方面的联合技术攻关，如疫苗开发、新药研制、临床试验、市场准入等的全方位合作。携手共建国家开展科技合作、共同抗疫成为"一带一路"建设优势互补、合作共赢的体现，也是打造"健康丝绸之路"的具体要求。

此外，信息技术的飞速发展，特别是互联网、数字技术、人工智能等新技术在产业领域的应用研究，为国际科技合作方式和路径的创新提供了可能。为应对防疫措施对经济发展带来的不利影响，信息化、数字化、智能化技术将在共建国家的经济复苏过程中扮演重要角色，因而也将成为"一带一路"科技合作的重要内容。伴随数字经济的快速发展，"互联网 + 医疗健康"将丰富共建"一带一路"的合作内容，为构建人类卫生健康共同体奠定坚实基础。

4.1.3　科学家之间的合作与交流，有助于促进相互了解和民心相通

科技合作可以促进民心相通。以"一带一路"科技合作为契机，可以不断强化我国与共建国家的人员往来和交流，增进相互了解和友谊。同时，通过联合设立科技合作项目和海外联合研究中心等方式，可以增强对共建国家的了解和认识，深化区域与国别研究，构建分国别、立体化、实时性的基础信息平台，为"一带一路"高质量发展提供基础保障。

通过设立科技合作项目和平台，开展对共建国家的实地考察和调研，有助于全方位地了解东道国，获得第一手资料。同时，通过项目合作和海外联合研究中心等多维途径，可建立长期性、全方位、实时性的信息数据中心。此外，通过科研项目合作，还可以增强对重点国家和地区的关键性数据和资料的梳理和积累，为支持"一带一路"建设的重点国家和重点项目提供决策支撑。

综上所述，科技合作在"一带一路"高质量发展中具有多方位、不可替代的重要作用。未来，应聚焦重点领域的务实科技合作，注重各方面协同与均衡，不断拓展国际合作的新空间，助力共建"一带一路"高质量发展。

4.2 科技合作的国际趋势

国际科技合作旨在促进各国、各领域间科学家的沟通交流，为科学界、政府、社会团体和企业建立对话平台，从而共同应对全球性挑战。"他山之石，可以攻玉"。纵观全球国际科技合作，可以发现当前国际科技合作领域呈现四大新趋势。

4.2.1 科技合作是解决全球性问题、实现大国发展目标的重要手段

世界发展受益于科技进步，人类命运因科技合作而更加紧密。如今，为应对生命健康、粮食安全、能源安全、气候变化等共同挑战，国际科技合作的需求更为迫切，成为打造人类命运共同体的重要组成部分。进入 21 世纪以来，新一轮科技革命和产业变革正在重构全球创新版图、重塑全球经济结构。美国、英国、日本、德国等国政府继续重视、支持国际合作，强调合作中的双赢，关注国家利益和不断提升创新能力。科技合作成为实现大国发展目标的重要手段。日本 2008 年就制定了《加强科技外交战略》，提出了日本科技外交基本方针、战略导向和实施举措，强调科技与外交的有机结合，通过外交活动促进本国科技发展，提升国际地位；这一思想在 2016 年的《第五期科学技术基本计划（2016—2020）》得到强化。英国的《科学与创新增长规划》（2014年）和《英国研究与发展路线图》（2020 年）均强调了国际合作对英国全面建设科技强国的战略重要性。

4.2.2 政府主导和市场主导的合作并存，合作目标与主体更加多样化

政府在国际科技合作中仍发挥着主导作用。在英国，国家科研与创新署是最主要的研发资助机构，在制定各学科领域国际科技合作战略与政策、推动英国的国际科技合作中扮演着重要角色，并通过设立国际合作计划、建立海外办事处等形式推动国际科技合作。在日本，综合科学技术创新会议是日本国际科技合作的"司令塔"，理事会由首相担任会长，主要成员单位包括文部科学省、日本学术振兴会、日本科学技术振兴机构、新能源与工业技术发展组织等。除政府外，目前国际科技合作方式更灵活、内容更广泛。尽管政府依然是国际科技合作的主导力量，但民间科技组织已成为各国科技界之间开展交流、促进科技发展的重要机构，也是展示各国在国际科技界影响和地位的重要力量。

4.2.3 科技合作是对外援助的重要领域，有稳定的经费保障

科技外交、科技合作是发达国家对外援助资金投向的重要领域。根据英国财政部发布的 2017~2021 年研究与创新资助预算分配方案，国民总收入的 0.7% 将分配给官方发展援助；该援助在科技领域主要通过双边互助的"牛顿研究基金"和多边合作的"全球挑战研究基金"来实施。国际合作专项基金有助于巩固英国作为各国首选合作伙伴之一的地位，增强其国际领导力，为英国政府有关发展援助的承诺做出贡献，并保障国家利益。英国对外援助通过战略引导、议题设定等一系列制度安排，笼络了世界各地大量的发展问题专家，还培育了一批专攻发展问题、以发展中国家为研究对象、在发展中国家拓展伙伴关系的本国科研机构，从而发挥英国科研机构的全球影响力与领导力。同样，欧盟也加大了对发展中国家的科技援助，其资金来源主要包括欧洲发展基金、欧洲共同体的援助性预算和欧洲投资银行。2021~2027 年，欧盟"地平线欧洲"预算高达 850 亿欧元，重点资助应对全球挑战和以市场为导向的创新活动。除了公共财政经费外，各国还鼓励企业为国际合作提供资助。

4.3　战略思路与目标

4.3.1 指导思想

深入贯彻落实习近平总书记"一带一路"系列重要讲话精神，以及党的十九大、党的二十大会议精神，以"和平合作、开放包容、互学互鉴、互利共赢"为理念，以推进"一带一路"建设高质量发展和打造人类命运共同体为核心目标，全面发挥科技合作对共建"一带一路"的支撑和引领作用，从共建国家科技合作的实际需求出发，以民生科技、适用技术、数字科技、生态环境和应对气候变化等领域以及科技人员交流等为重点，通过增加政府科技合作投入、集成民间科技资源、设立相关大科学计划、发展区域性国际合作网络等重大举措，打造创新要素流动畅通、科技设施相互连通、产业创新链条相互融合、人才交流渠道顺通的"一带一路"创新共同体，全面提升科技合作的层次和水平，共享科技成果和科技发展经验，开创"一带一路"科技合作新局面，推动"一带一路"可持续发展和共同繁荣。

4.3.2 基本原则

坚持开放合作，实现互利共赢。秉持开放精神，充分尊重共建国家发展的实际需求，积极对接共建国家的发展战略，加强第三方市场合作，共享科技成果和科技发展经验，共同打造科技利益共同体和命运共同体，促进共建国家共同发展、共同繁荣。

坚持科技引领，推动共同发展。面向共建国家发展的关键共性科技问题，通过科技人文交流、平台建设和基础设施互联互通等措施，共同提升科技创新能力，促进共建国家技术转移转化和产业化，全面增强科技对"一带一路"高质量发展的引领能力，共同促进共建国家可持续发展。

坚持以人为本，促进民心相通。以提高共建国家人民的获得感和参与感为出发点和落脚点，深化科技人文交流，增进科技界的互信和理解，突出科技人才在人文交流中的关键核心作用，构建多层次的科技人文交流平台，有力促进民心相通。

坚持精准施策，聚焦重点区域。以周边国家为重点，聚焦民生科技、适用技术、数字科技、生态环境、能源安全、人口健康、粮食安全和自然灾害等重点领域，科学谋划、分类施策，有力有序推进，集中力量精准发力，尽早取得突破，形成示范带动效应。

坚持政府引导，强化多方参与。充分发挥政府在科技合作中的引导、规划和协调作用。发挥市场在资源配置中的决定性作用和各类企业在科技合作中的主体作用，引导更多社会力量积极参与，形成强大合力，共同打造多主体、全方位、跨领域的合作开放平台，建立政府主导、企业参与、民间促进的立体格局。

4.3.3 战略目标

到 2025 年，重点合作领域和合作机制领域取得突破，科技合作对"一带一路"建设高质量发展的促进作用明显提升。政府"一带一路"科技合作投入显著增加，重点国家、重点领域科技合作稳步推进，重点项目实施初见成效；主要科学资助机构对"一带一路"研究的经费资助额提高一倍以上，经费使用和管理办法持续优化；国家国际发展合作署对外援助方式有所调整，科技援助比重明显增加；"一带一路"国际科学组织联盟奖学金（ANSO 奖学金）名额持续增加，为共建国家培养一批科技创新人才；民间科技资源有效集成，鼓励企业全方位、多领域参与，成立一批民间科技基金，形成"一带一路"科技合作新模式；科技合作战略对接持续深化，成立若干国际科技合作组织，新建若干海外联合研究中心等合作平台，相关大科学计划取得初步进展，区域性国际合作网络明显拓展，"一带一路"科技合作新格局初现雏形。

到 2035 年，科技合作新机制和新模式逐步成熟，"一带一路"科技合作新格局基本形成。科技合作水平大幅提升，为共建国家培养一大批知华、友华的青年科学家和科技人员；科技合作平台建设进展显著，新建一批联合实验室、海外联合研究中心、技术转化中心等科技合作平台；相关大科学计划深入发展，学术论文、专利、适用技术等合作产出大幅提升，与共建国家在跨学科合作、重大科学难题、共同应对全球性挑战、发展推广新兴技术等方面取得标志性进展；围绕重大科技发展及民生需求，成立一批产业联盟，重点产业技术合作推动下的国际产业分工体系初步形成；多方参与、第三方市场合作等合作模式显著优化，民间科技基金成为科技合作中的重要组成部分，"多元互补、四位一体"的科技合作新模式和新机制逐步完善；"一带一路"科技创新共同体基本形成，科技合作成为"一带一路"建设高质量发展的重要牵引力。

4.4　重点领域与重点任务

4.4.1　重点领域的科技合作方向

（1）健康

当前，健康丝绸之路的科技合作重点方向如下：一是构建健康丝绸之路合作机制，组织一批以我国为核心的卫生合作网络；二是推动与共建国家建立更加高效共赢的国际药品、医疗器械、检测要素研发合作模式，共同构建人类卫生健康共同体；三是推动中西医结合，进而提高中医药在共建国家的认可度；四是集成推广生物防治、绿色防控技术和模式，协同规范抗菌药物的使用。

（2）绿色

当前，绿色丝绸之路的科技合作重点方向如下：一是加强绿色技术攻关和推广应用，强化基础研究和前沿技术布局，加快先进适用技术研发和推广；二是开展低碳、节能、节水、环保材料与技术工艺合作，推动绿色、低碳、可持续的清洁能源项目合作，积极帮助有需要的共建国家推广应用先进绿色能源技术；三是实施面向可持续发展的技术转移专项行动，建设"一带一路"绿色技术储备库，推动绿色科技合作网络与基地建设；四是加强绿色基建、绿色产业、绿色技术、绿色金融领域的科技合作。

（3）数字

当前，数字丝绸之路的科技合作重点方向为跨境电商、远程教育、数据安全、数字货币与规则制定。具体内容涵盖如下几点。一是大力开展共建国家跨境电商合作，通过跨境电商促进共建国家商品流通；鼓励共享经济平台企业与国际领先的高校、科研院所合作，建设国际合作基地、联合研究中心，强化区域间共享经济合作。二是互联网教育顺应了数字经济发展的大趋势，拓展了技术应用，打造了灵活的教育模式，扩大了教育受众范围，发展前景广阔；加强共建国家远程教育领域合作，以远程教育的深入发展促进共建国家人才发展和文化交流。三是加强数据安全领域合作，为数字合作保驾护航，保障数字合作安全高效进行。四是加强数字货币领域合作，通过数字货币的合作与发展，推动人民币国际化的进一步发展。五是积极参与多边机制合作，加快提升我国参与数字领域国际规则制定的能力。加快推进跨境电商、数据安全、数字货币等国际规则和标准的研究制定，推动由商品和要素流动型开放向规则等制度型开放转变。

（4）创新

当前，创新丝绸之路的科技合作重点方向如下：一是打造发展理念相通、要素流动畅通、科技设施联通、创新链条融通、人员交流顺通的创新共同体；二是加强在数字经济、人工智能、量子科技、5G、先进制造和生物技术等前沿领域合作，建立相关科技术语和标准体系，推动大数据、云计算、智慧城市建设；三是瞄准可再生能源、先进核能、氢能、储能等领域的关键技术，促进科技同产业深度融合，优化创新环境，集聚创新资源。

（5）人才

人才是推动共建"一带一路"高质量发展的重要支撑。当前，"一带一路"科研人才分析应细化到每个国家和地区，加大国别研究力度，培养专业型科研人才；总结中国科技发展经验，加大中国智慧向外传播，让世界更了解中国，让中国智慧帮助更多共建国家发展。我国在项目合作中的项目管理、中介服务、知识产权、风险管理和涉外谈判等方面的人才仍较为短缺，亟须培养一批懂外语、懂法律、技术水平过硬的管理人才，促进海外项目的顺利高效进行。同时，应加大工程科技人才领域的科技合作，支撑重大工程项目建设，助推"一带一路"建设行稳致远。

4.4.2　科技合作的战略路径

十年来，"一带一路"建设取得了实打实、沉甸甸的成果，但政府冲在前、企业紧跟、科技合作滞后的特点还没有得到根本性改变。今后的"一带一路"建设高质量发展中，亟须进一步加强科技创新合作，以推动国际话语权建设及民心相通。根据习近平总书记在第三次"一带一路"建设座谈会上的重要讲话精神，聚焦健康、绿色、数字、创新和人才五个领域，优先推动重点国家的科技合作，通过科技合作推动"一带一路"建设高质量发展。"一带一路"科技合作五个领域的主要合作国家见表4-1。

表4-1　"一带一路"科技合作五大领域的主要合作国家

国家	健康	绿色				数字	创新	人才
		应对气候变化	生物多样性保护	海洋治理	防沙治沙			
捷克	1	1	1	2		1	1	1
斯洛文尼亚	1	2	1	1		1	1	1
意大利		1	1	1		1	1	1
泰国		1	1	1		2	1	2
波兰	1	1	1	2		1	1	1
葡萄牙						2	1	1
韩国	1	1	2	2		2	1	1
奥地利	1	1	1	1		1	1	1
匈牙利	1	2	1	1		2	1	1
斯洛伐克	1	2	1	1		2	1	1
俄罗斯	1	1		2		2	2	1
马来西亚		1	2			2	1	1
卢森堡	1	2	1	1				
新西兰		1		2		1	2	1
越南			1	1			1	2
新加坡				1		1	1	1
克罗地亚	1	2	1	1		2	2	2
罗马尼亚	1	1	1	2		2	1	2
希腊	1	1	1	1		2	2	2
爱沙尼亚		2	2	2		1	1	1
立陶宛	1	2		2		2	2	1
塞浦路斯						2		2
乌克兰	1		1			2	2	2
印度尼西亚		1	2	1			2	

国家	健康	绿色				数字	创新	人才
		应对气候变化	生物多样性保护	海洋治理	防沙治沙			
白俄罗斯	1					1	2	
马耳他			2	1		1		2
哈萨克斯坦	1				1			2
文莱				1		1		
塞尔维亚			1				1	1
保加利亚	1	2	2	2		2	2	1
菲律宾	2	2	2	1			1	
摩洛哥			1	1			2	2
阿联酋			2			2	2	1
阿富汗	2				1			
沙特阿拉伯		1			2	2		
突尼斯			1	2			1	2
土耳其		1				2	1	
智利		1				2		2
柬埔寨			1	1				
老挝			1	1				
缅甸			2	1				
巴巴多斯	1					1		
南非		1		2	2		2	2
埃及		2	1	2	2		2	2
拉脱维亚	1	2				2	2	2
伊朗		1			2		2	2
巴基斯坦	2	2			1			
卡塔尔						2	2	2
苏丹					2			
黎巴嫩			1	2			2	
秘鲁		1	2					
蒙古国			2	2	1			
阿曼					2	2		
黑山			1	2				2
厄瓜多尔		2						2

续表

国家	健康	绿色				数字	创新	人才
		应对气候变化	生物多样性保护	海洋治理	防沙治沙			
乌拉圭						2		2
马达加斯加								
古巴	1		2					
埃塞俄比亚	2							
阿尔巴尼亚			1	2				
肯尼亚			2					
巴林						2		
马尔代夫	1					2		
乌兹别克斯坦					1			2
格林纳达						1		
安提瓜和巴布达						1		
多米尼克						1		
乍得	2		2		2			
摩尔多瓦			2				2	2
哥斯达黎加				2			2	2
几内亚	2		2					
莫桑比克			2					
吉布提			2		2			
也门					2			
巴拿马			2	2			2	
利比亚			2	2	2			
毛里塔尼亚			2		2			
塞内加尔			2					2
阿尔及利亚			2		2			2
北马其顿		2					2	2
波黑				2			2	2
南苏丹	2							
莱索托	2							
多哥			2					
刚果			2					
布隆迪			2					

续表

国家	健康	绿色				数字	创新	人才
		应对气候变化	生物多样性保护	海洋治理	防沙治沙			
尼日尔					2			
赞比亚					2			
马里					2			
尼日利亚	2		2					
巴布亚新几内亚	2			2				
安哥拉	2				2			
索马里	2				2			
科特迪瓦			2	2				
乌干达			2					
坦桑尼亚			2					
斯里兰卡		2						
贝宁				2				
纳米比亚					2			
特立尼达和多巴哥		2						2
塞拉利昂								
冈比亚								
利比里亚								
赤道几内亚	2							
津巴布韦			2					
卢旺达			2					
孟加拉国		2						
多米尼加							2	
加纳				2				
尼泊尔								
伊拉克					2			
委内瑞拉						2		
苏里南						2		
塞舌尔						2		
格鲁吉亚								2
科威特								2

注：表中1表示重点合作国家，2表示具有较大合作潜力的国家

健康科技合作领域：重点合作国家主要包括韩国、白俄罗斯、匈牙利、奥地利、俄罗斯、保加利亚、捷克、古巴、拉脱维亚、波兰、斯洛伐克、立陶宛、卢森堡、乌克兰、哈萨克斯坦、克罗地亚、希腊、斯洛文尼亚、罗马尼亚、马尔代夫、巴巴多斯和葡萄牙等；具有较大合作潜力的国家，可推动我国健康防疫领域相关科技成果的转移转化及适用技术在当地推广应用，主要有埃塞俄比亚、菲律宾、阿富汗、赤道几内亚、巴基斯坦、南苏丹、几内亚、尼日利亚、安哥拉、乍得、巴布亚新几内亚、索马里和莱索托等。

绿色科技合作领域：重点合作国家主要包括意大利、泰国、越南、捷克、斯洛文尼亚、波兰、葡萄牙、罗马尼亚、希腊、马来西亚、克罗地亚、塞浦路斯、印度尼西亚、马来西亚、柬埔寨、老挝、斯洛伐克、新西兰、匈牙利、奥地利等；具有较大合作潜力的国家包括韩国、新加坡、俄罗斯、塞尔维亚、乌克兰、菲律宾、马耳他、突尼斯、土耳其、文莱、南非、伊朗、沙特阿拉伯、智利、黎巴嫩、黑山、秘鲁、缅甸、阿尔巴尼亚、卢森堡、保加利亚、爱沙尼亚、巴拿马、科特迪瓦、利比亚、蒙古国等。

数字科技合作领域：重点合作国家主要包括新加坡、韩国、奥地利、卢森堡、新西兰、爱沙尼亚、捷克、斯洛文尼亚、马耳他、意大利、白俄罗斯、巴巴多斯、文莱、格林纳达、安提瓜和巴布达、多米尼克等；可重点拓展与立陶宛、葡萄牙、波兰、阿联酋、斯洛伐克、拉脱维亚、匈牙利、马来西亚、塞浦路斯、沙特阿拉伯、克罗地亚、卡塔尔、俄罗斯、智利、土耳其、希腊、罗马尼亚、乌拉圭、阿曼、保加利亚、巴林、乌克兰、泰国、马尔代夫、委内瑞拉、苏里南、塞舌尔等国家的合作。

创新科技合作领域：重点合作国家主要包括韩国、奥地利、捷克、新加坡、马来西亚、意大利、匈牙利、菲律宾、泰国、波兰、越南、葡萄牙、斯洛伐克、斯洛文尼亚、罗马尼亚、爱沙尼亚、卢森堡、突尼斯、土耳其、塞尔维亚等；具有较大合作潜力的国家包括俄罗斯、希腊、新西兰、巴拿马、白俄罗斯、阿联酋、埃及、乌克兰、印度尼西亚、伊朗、哥斯达黎加、克罗地亚、保加利亚、立陶宛、北马其顿、拉脱维亚、南非、摩洛哥、摩尔多瓦、波黑、多米尼加、卡塔尔、黎巴嫩等。

人才科技合作领域：重点合作国家主要包括韩国、新加坡、新西兰、奥地利、卢森堡、斯洛文尼亚、葡萄牙、捷克、爱沙尼亚、希腊、立陶宛、俄罗斯、匈牙利、斯洛伐克、波兰、阿联酋、马来西亚、意大利、保加利亚、塞尔维亚等；具有较大合作潜力的国家包括马耳他、突尼斯、拉脱维亚、克罗地亚、格鲁吉亚、土耳其、伊朗、塞浦路斯、泰国、摩洛哥、乌克兰、罗马尼亚、阿尔及利亚、北马其顿、黑山、摩尔多瓦、哈萨克斯坦、越南、埃及、乌拉圭、卡塔尔、塞内加尔、特立尼达和多巴哥、科威特、乌兹别克斯坦、南非、智利、哥斯达黎加、波黑、厄瓜多尔等。

如第2章所述,共建国家范围广泛,国家间社会经济发展及资源环境基础差异显著,在不同科技合作领域的优势也不甚相同。因此,"一带一路"科技合作应根据不同区域识别出更具针对性的合作领域。

与东南亚、北非等区域重点开展生物多样性保护、海洋治理等绿色领域的合作。北非、东南亚及欧洲大部分国家的生物多样性领域国际环境保护公约数量较多、影响力相对较大,与中国有一定的合作基础,在生物多样性保护领域与中国具有较大的合作潜力;东南亚地区参与的海洋治理领域国际公约数量多、影响力大,且与中国共同参与了许多海洋国际公约,有较强的合作基础,未来与中国在海洋治理领域具有最高的合作潜力;与泛第三极地区应重点开展气候变化领域合作,助力全球可持续发展目标的实现。

与新加坡、韩国及欧洲发达国家重点开展创新、数字、人才领域的合作。新加坡、韩国及欧洲发达国家是共建国家中科技发展前沿阵地,加强与这些国家的创新科技合作、数字丝绸之路建设与人才合作,有助于中国突破技术壁垒,实现"一带一路"高质量发展。

第 5 章

健康丝绸之路建设

卫生与健康问题是人类发展中所面临的全球性挑战，科学发展和技术创新是解决这一问题的重要手段。作为负责任的发展中大国，我国一直积极参与国际卫生合作，提出并践行人类卫生健康共同体理念，高质量推进健康丝绸之路建设。在共建"一带一路"过程中，我国与世界卫生组织在卫生领域展开了广泛的合作，以提升共同应对突发公共安全卫生事件的能力，切实维护各国卫生安全，提升其国民健康水平。本章将分析健康丝绸之路建设的现状与面临的主要挑战，阐述科技合作在推进健康丝绸之路建设中的重要意义，结合已有实践提出重点科技合作方向和相关政策建议。

5.1 健康丝绸之路建设的现状

5.1.1 从"健康丝绸之路"到"人类卫生健康共同体"

在卫生健康领域，我国一直积极推动与共建国家在相关领域的科技交流，持续深化科技合作，共同推进建设人类卫生健康共同体。早在 2015 年，国家卫生和计划生育委员会发布了《国家卫生计生委关于推进"一带一路"卫生交流合作三年实施方案（2015—2017）》[①]，其中提出要"以周边国家为重点，以多双边合作机制为基础，创新合作模式，推进务实合作，促进我国及沿线国家卫生事业发展，打造'健康丝绸之路'"。该方案提出了合作机制建设、传染病防控、能力建设与人才培养、卫生应急和紧急医疗援助、传统医药、卫生体制和政策、卫生发展援助、健康产业发展八个重点合作领域。

2016 年 6 月 22 日，习近平主席在塔什干乌兹别克斯坦最高会议立法院发表题为《携手共创丝绸之路新辉煌》的重要演讲，指出要着力深化医疗卫生合作，加强在传染

---

① 国家卫生计生委办公厅关于印发《国家卫生计生委关于推进"一带一路"卫生交流合作三年实施方案（2015-2017）》的通知 [EB/OL]. http://www.nhc.gov.cn/zwgk/zxgzjh/201510/ce634f7fed834992849e9611099bd7cc.shtml [2023-07-03].

病疫情通报、疾病防控、医疗救援、传统医药领域互利合作，携手打造"健康丝绸之路"①。自此，健康丝绸之路这一理念开始在共建国家落地生根。

2017 年 1 月 18 日，习近平主席在日内瓦访问世界卫生组织时，双方共同签署了《中华人民共和国政府和世界卫生组织关于"一带一路"卫生领域合作的谅解备忘录》，这是健康丝绸之路建设中的重要里程碑事件。

2020 年新冠疫情暴发以来，健康丝绸之路这一命题在理论拓展和实践应用中得到了持续的深化与发展。理论上，我国提出了要打造"人类卫生健康共同体"，推动完善全球公共卫生治理，提升卫生健康水平。实践上，我国积极推动疫苗援助，共同助力共建国家的疫情防控。

5.1.2　健康丝绸之路建设的进展与成效

自提出以来，健康丝绸之路建设已经取得了卓有成效的进展。我国已初步形成了以多边和双边为基础的共建国家卫生合作布局，呈现出政府主导、上下联动、多方参与的特征（孙敬鑫和王丹，2020）。

第一，我国已搭建起不断完善的双边与多边合作机制，成功举办了三届"中国—东盟卫生合作论坛"、两届"中阿卫生合作论坛"、四届"中国—中东欧国家卫生部长论坛"，有效促进了政府、机构和企业的交流合作。

第二，我国与共建国家的传染病联防联控机制建设取得了较大进展。例如，建立了跨境传染病疫情通报制度和卫生应急处置协调机制，搭建了区域传染病联防联控工作网络，形成了有效的联防联控机制，帮助共建国家提升应对重大传染性疾病（如脊髓灰质炎、疟疾、血吸虫病等）的综合防控能力等。

第三，我国为共建国家提供了大量的卫生和医疗援助，如埃博拉疫情和新冠疫情期间的对外援助、"光明行"眼科义诊项目等。据世界卫生组织荣誉总干事陈冯富珍介绍，自 20 世纪 60 年代初开始，中国先后向全球 70 多个国家和地区派遣过援外医疗队，累计派出医疗队员 2.6 万人次，诊治患者 2.8 亿人次②。其中，中非共建健康丝绸之路取得了丰富的成绩（曾爱平，2021），已累计向 48 个非洲国家和地区派遣了 993 批次医

① 习近平在乌兹别克斯坦最高会议立法院的演讲（全文）[EB/OL]. http://www.xinhuanet.com/world/2016-06/23/c_1119094900.htm[2023-06-01].
② 《环球时报》专访世界卫生组织荣誉总干事陈冯富珍：中国的抗疫斗争彰显了中国精神与中国力量[EB/OL]. https://news.cctv.com/2021/10/26/ARTINnGOs9BMfcOmJJRJTkjA211026.shtml[2022-03-04].

疗队、2.2 万人次医疗队员，治疗 2.2 亿人次病患；近千名医疗队员在 45 个非洲国家的 100 个医疗点为当地民众提供无偿医疗服务 ①。

第四，我国通过一系列能力建设与人才培养计划为共建国家培养了大批公共卫生领域的管理人员和专业技术人员，同时建设了公立医院的合作网络和医科大学的合作联盟等。此外，我国与共建国家在医疗卫生与健康产业发展方面开展了多项合作，包括传统医药推广交流、医院援建、中国制造医疗设备推广应用等。以中非合作为例，据《新时代的中非合作》白皮书，截至 2021 年 11 月中国已帮助 18 个非洲国家建立了 20 个专科中心，涉及心脏、重症医学、创伤、腔镜等专业，同 40 个非洲国家的 45 所非方医院建立对口合作机制，向非洲提供了医疗器械、设备、仪器、药品和医用材料等各类医疗物资和设备，帮助培养了大批医疗卫生人才，援建非洲疾控中心，积极促进中非传统医药合作，帮助非洲加强公共卫生体系建设。

5.2 健康丝绸之路建设面临的主要挑战

5.2.1 重大传染病与生物安全风险显著加大

近几十年来，全球新发和烈性传染病发生呈现明显上升态势，许多病原为人畜共患，且感染呈现全球性特征（关武祥和陈新文，2016）。除艾滋病、霍乱、鼠疫等传统传染病之外，在新冠病毒之前，严重急性呼吸综合征（SARS）、人感染高致病性禽流感（感染毒株如 H5N1）、中东呼吸综合征（MERS）等疾病曾在共建国家广泛流行（曲鹏飞，2021）；南亚地区麻风病、结核病、艾滋病和疟疾等情况严重（李振红等，2019）；东南亚地区百日咳、霍乱、疟疾和艾滋病等传染病盛行（谢臣晨等，2019）。在这一背景下，由于我国与共建国家之间的社会经济往来愈加紧密，人员流动频繁，交通运输便利，很多原局限于当地区域性传播的疾病可能向外扩散，增加了传染病跨国、跨洲传播的风险（王金龙等，2021）。此外，由于货物、邮件、动物等的跨境流动，共建国家生物安全风险逐渐增加，动植物疫病及病虫害、人类传染病和食品安全等问题频发（马忠法和吴凌梓，2020），典型事件如甲型肝炎病毒、沙门氏菌和旋毛虫病等引起的食源性疾病，以及二噁英、三聚氰胺和盐酸克伦特罗等引起的化学性危害。面

---

① 续写中非守望相助、患难与共新篇章 [EB/OL]. http://ydyl.people.com.cn/n1/2020/0429/c411837-31692401. html[2023-06-12].

对显著加大的生物安全风险，共建国家的自然环境、社会生活方式和治理能力均存在显著差异，传染病防控意识亟待加强，传染病联防联控能力亟待提升。

5.2.2 经济社会发展水平制约欠发达地区的卫生健康事业发展

卫生健康水平是一个国家软实力的体现，共建国家的经济社会发展存在较大差异，直接影响公共卫生事业发展。特别是在中低收入国家，政府对于公共卫生投入不足，基础设施、技术能力和设备匮乏，缺乏有效的监测体系，医疗卫生条件堪忧（金雅玲等，2020）。同时，部分国家尚未解决温饱问题，存在较大的粮食安全隐患，口粮自给率较低，膳食结构失衡，容易导致营养不良（李怡萌，2018）。例如，主粮供应不足在西亚、北非、东南亚和中亚地区比较严重，而营养不良问题在南亚和东南亚地区较为严重。此外，部分地区水资源污染严重，用水健康形势严峻，极大地影响了相关国家的卫生健康水平。受此影响，共建国家的健康水平存在显著差异。其中，非洲地区卫生健康水平远落后于其他地区。以五岁以下儿童死亡率、女性出生时预期寿命、男性出生时预期寿命和总体出生时预期寿命作为主要指标，选取部分国家作为共建国家卫生健康水平样本（表5-1）。各个大洲主要指标的平均计算结果如图5-1和图5-2所示，数据来源于世界银行。可以看到，非洲地区共建国家五岁以下儿童死亡率最高，且显著高于其他地区；同时，预期寿命显著低于其他地区。

表5-1 共建国家卫生健康水平样本

地区	包含国家样本
亚洲	柬埔寨、孟加拉国、缅甸、斯里兰卡、乌兹别克斯坦、亚美尼亚、也门、柬埔寨
非洲	南非、安哥拉、尼日利亚、埃及、阿尔及利亚、加纳、利比亚、刚果（金）、刚果（布）、肯尼亚、加蓬、摩洛哥、赞比亚、几内亚、坦桑尼亚、利比里亚、苏丹、喀麦隆、莫桑比克、埃塞俄比亚
欧洲	卢森堡、斯洛文尼亚、塞浦路斯、捷克、意大利、葡萄牙、爱沙尼亚、奥地利、希腊、白俄罗斯、克罗地亚、立陶宛、波兰、匈牙利、拉脱维亚、斯洛伐克、马耳他、塞尔维亚、俄罗斯、保加利亚、北马其顿、乌克兰、罗马尼亚、阿尔巴尼亚、摩尔多瓦
美洲	古巴、智利、安提瓜和巴布达、乌拉圭、哥斯达黎加、巴巴多斯、格林纳达、厄瓜多尔、牙买加、萨尔瓦多、秘鲁、巴拿马、委内瑞拉、特立尼达和多巴哥、尼加拉瓜、苏里南、多米尼加、圭亚那、玻利维亚
大洋洲	斐济、密克罗尼西亚联邦、基里巴斯、新西兰、所罗门群岛、汤加、瓦努阿图、萨摩亚

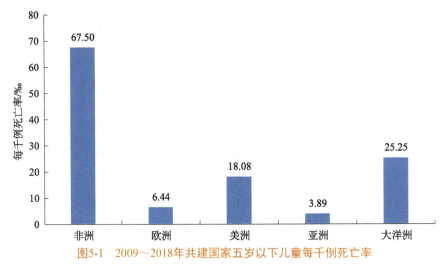

图5-1　2009～2018年共建国家五岁以下儿童每千例死亡率

资料来源：世界银行（https://data.worldbank.org.cn/indicator/SH.DYN.MORT?end=2021&start=1960&view=chart）

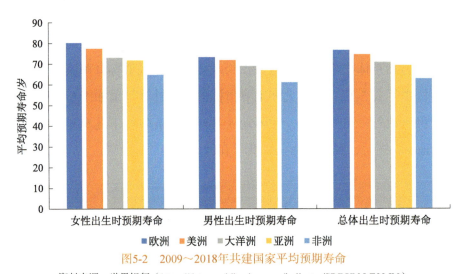

图5-2　2009～2018年共建国家平均预期寿命

资料来源：世界银行（https://data.worldbank.org.cn/indicator/SP.DYN.LE00.IN）

5.2.3　医疗卫生和健康领域科技水平差距巨大

　　共建国家在医疗卫生领域和健康领域的科技水平差距巨大，这与各国经济发展水平和公共卫生领域的科技支出密切相关。根据全球顶尖的医疗杂志《柳叶刀》公开的2019年全球医疗质量和可及性排行榜，在全球185个国家和地区，亚洲国家中排名靠前的是日本（第12位）、新加坡（第22位）和韩国（第25位），我国排名第48位。许多共建国家排名则相对落后，如中亚地区的哈萨克斯坦和乌兹别克斯坦分别排名第78位和第100位，东南亚地区的越南排名第108位。非洲国家则普遍落后，南非排名第 127 位，尼日利亚排名第 183 位。从共建国家的医生密度^①来看，各国医疗卫生科技水平差异显著。古巴和意大利每万人口医生密度最高，均超过 80，而非洲和部分东南亚国家则相对较低，有 18 个非洲国家的医生密度低于 1，意味着其医疗人员资源不足万分之一。从全民健康覆盖（UHC）水平^②这一体现各国基本卫生服务覆盖率的指标来看，非洲国家特别是中非地区相对较低，说明其医疗卫生技术相对薄弱，医疗卫生水平相对较低。据复旦大学一带一路及全球治理研究院^③的数据，约有 30% 的共建国家的医疗水平低于全球平均水平，约有 50% 的共建国家每千人口拥有的床位数低于全球平均值。

5.2.4 人才匮乏和资金不足是制约各国卫生健康合作的共同因素

共建国家中存在一些欠发达经济体，贫困、饥饿等问题尚未完全解决，卫生健康领域的政府支出相对较低，高素质人才培养和管理运营水平较为落后，这些都制约了我国与共建国家的卫生健康合作。一方面，数量充足、素养高、专业水平强的医疗人力资源有利于提高医疗网络的服务能力，是健康丝绸之路稳步建设的质量保障。以巴基斯坦瓜达尔港的急救中心为例，医疗队中不仅需要专业的医护人员，还需要公共卫生政策人员和红十字会联络员等。但许多共建国家医疗人力资源匮乏，缺乏对高端专业人才的吸引力。另一方面，稳定的资金来源是健康丝绸之路建设推进的物质基础。但在卫生合作实践中，许多国家经济较为落后，难以提供充足的建设资金。以中巴急救走廊为例，其建设资金主要来自中国红十字会的"丝路博爱基金"。截至 2018 年 10 月，该基金已投入数千万元资金，资助了 21 个国家^④。若要建立覆盖范围更广的有效急救网络，则需要更加多样化的、稳定持续的资金来源，亟须各国政府和非政府组织提高关注，增加资金投入。

---

① https://www.who.int/data/gho/data/indicators/indicator-details/GHO/medical-doctors-（per-10-000-population）[2023-06-19].

② https://www.who.int/data/gho/indicator-metadata-registry/imr-details/4834 [2023-06-19].

③ 黄葭燕："一带一路"沿线国家的妇幼健康状况分析 [EB/OL]. https://brgg.fudan.edu.cn/articleinfo_4000.html[2023-06-01].

④ "丝路博爱基金"成立 600 天了！看看她做了哪些事 [EB/OL]. https://www.sohu.com/a/259665911_806820 [2023-06-12].

5.3 科技合作在健康丝绸之路建设中的重要作用

5.3.1 有助于提升区域公共卫生安全水平

提升共建国家的公共卫生能力是"一带一路"建设安全与发展的基础。随着我国与共建国家人员与物资的交流往来越来越密切，传染性疾病暴发与传播风险有所加大，共建国家公共卫生安全水平亟待提升。科技合作是助力"一带一路"提升应对突发性公共卫生事件能力、持续改进公共卫生安全水平的重要手段和工具。切实加强我国与共建国家在卫生健康领域的科技合作与交流，能够系统提升联合应对重大传染病等突发性公共卫生事件的能力，并间接提升我国卫生安全应对能力。

5.3.2 有助于提高欠发达地区医疗卫生水平

健康丝绸之路建设能够更好地暖民心、聚民意，为高质量建设"一带一路"凝聚共识。健康与公共卫生是各国政府和人民所共同关注的基本问题，有效解决这些问题就是"惠民生"。很多共建国家为欠发达经济体，医疗水平较低、医疗设施硬件较差、卫生人才相对不足，而我国相对而言在卫生健康领域有着更高的科技水平。通过健康丝绸之路建设，加强医疗卫生领域的科技合作与交流，能够更好地发挥我国技术对外溢出的普惠效应，以科技进步与科技创新有效改善各国人民的健康水平，提升公共卫生服务质量，为"一带一路"高质量发展打下坚实的民意基础。

5.3.3 有助于医疗健康产业的发展与共赢

以卫生健康领域广泛的科技创新和科技合作为重要内容的健康丝绸之路建设，有利于我国医疗卫生领域成功经验的分享，并为相关产业发展提供重要机遇。一方面，传统中医药是我国独特的宝贵卫生资源，亟须通过现代科技创新更好地发挥其价值，在中亚等共建国家所在地区积极推广中医药文化，推进保健食品、医疗旅游等，将有效提升我国的软实力建设；另一方面，中国的医药卫生制造业较为发达，与部分共建国家医药卫生资源匮乏形成良好的互补。我国在药品研发、高端医疗器械生产、智慧医疗等领域，亦可与部分经济发达的共建国家形成良好的互动交流，积极探索新一代信息技术和生物医药深度融合下的医疗产业新模式、新业态，与共建国家实现互利共赢。

5.3.4　有助于全面推进人类卫生健康共同体的建设

健康是人类的共同追求，健康丝绸之路建设是人类命运共同体理念在卫生健康领域的延伸与拓展。许多共建国家人口基数大、健康需求高、卫生水平弱，制约了其公共卫生能力的提升，但科技创新与科技合作是解决困难的"金钥匙"。科学技术是人类同疾病较量的最有力武器，以科技为核心和特色的医疗卫生和生命健康领域的合作交流将为健康丝绸之路注入生命力。一方面，科技进步本身能够弥补管理水平的不足，科技创新背后的产业化机会也能够吸引资金与人才，破解制约卫生合作的瓶颈；另一方面，科技对话与科技交流能够增强理解与互信，推进更加开放、平等、包容的合作环境建设。

5.4　健康丝绸之路建设的重点科技合作方向

5.4.1　应对重大传染病领域

（1）重大传染病监测预警

全球新冠疫情"大流行"事件，充分体现了重大传染病监测预警与防控需要世界各国协同努力，这也是我国与共建国家卫生合作的重点领域之一。共建国家是重大传染病多发地，蒋曼等（2019）基于2009~2013年数据的测算表明，在世界卫生组织常规报告的23种传染病中，"一带一路"沿线国家和地区有16种传染病的发病率高于中国，尤其是东南亚和南亚国家，其传染病发病率和死亡率较高，亟待加强相关科学研究，打造传染病监测防控的科学综合体系（曲鹏飞，2021）。具体来说，重点科技合作方向包括：加强针对"一带一路"重大传染病流行特征与流行规律的研究，提升预测能力；搭建"一带一路"重大传染病监测预警的公共平台，与高校、科研机构、卫生疾控机构和产业界合作，监测疾病流行变化与病毒变异，提升区域传染病监测预警能力，针对重大传染病输入风险提前预警，实现传染病防控关口前移。同时，考虑到相关领域合作的便利性，建议由科研机构牵头，加强与共建国家在相关领域的科研合作，搭建更加广泛的监测网络。例如，2017年，中国科学院启动"一带一路"的新发突发病原研究支撑计划，与传染病多发的非洲和其他地区积极共建研究中心，通过在当地建立哨点监测网络并与我国实验室合作研究，提高应对新发和突发传染病的预警能力，打造病毒监测和传染病防治的科学综合体系。

（2）重大传染病联防联控

为提升共建国家重大突发传染病应对能力，各国亟须加强科技合作，以构建畅通有效的重大传染病联防联控机制。2018 年 10 月，国家卫生健康委员会出台《深入推进“一带一路”卫生健康交流合作指导意见（2018—2022）》，指导云南、广西等在澜沧江—湄公河合作框架下积极推动建立边境地区疾病联防联控机制①。此后，我国国家科技重大专项“艾滋病和病毒性肝炎等重大传染病防治”启动“一带一路”传染病防控保障关键技术研发方向，设置“‘一带一路’重要传染病流行规律和预警应对技术研究”课题和“东非、中亚和东南亚等区域重要传染病防控关键保障技术研究”课题，资助经费达千万元级别。从实践来看，我国与大湄公河次区域经济合作机制成员国续签《关于湄公河流域疾病监测合作的谅解备忘录》《澜沧江-湄公河次区域疟疾和登革热联防联控合作协议（2018—2022）》等，实施大湄公河次区域跨境传染病联防联控项目和湄公河流域青蒿素类疟疾治疗药物抗药性联防项目，但距离建立覆盖主要传染病类型、容纳主要共建国家的全面联防联控机制还有较大距离。

（3）传染病检测与应对

在许多欠发达的共建国家中，公共卫生体系还很薄弱，传染病检测技术和能力还较为落后，我国在这一领域与共建国家的科技合作能够显著提升其本土与区域的传染病应对能力。例如，“复方青蒿素快速清除疟疾项目”帮助非洲逾百万人口地区短期内实现了从高度疟疾流行区向低度疟疾流行区的重大转变。建议近期重点科技合作方向包括：拓展和深化与共建国家在传染病应对方向的能力建设，建设重要传染病生物样本资源库，开展重要病媒生物携带病原体研究，研发重要传染病快速诊断体系；共建重要传染病联合实验室和联合治疗中心，开展流行病学、基础研究、临床诊治及预防的全面科研合作；推进与共建国家的联合培养、高级人才培训等项目，加强专业医护人员和公共卫生领域科学家的培育。

（4）疫苗与药物研发

疫苗与药物是助力提升重大传染病防控能力的有力武器。在这一领域，我国与共建国家已开展了初步的科研合作，如“一带一路”国际科学组织联盟-传染病联盟（ANSO-AID）联合中国科学院院内机构及国外合作伙伴等 11 家单位，通过科技合作，

---

① 关于政协十三届全国委员会第三次会议第 1996 号（医疗体育类 233 号）提案答复的函 [EB/OL]. http://www.nhc.gov.cn/wjw/tia/202101/b3549f58987244429e51e9192f6ad48f.shtml [2023-06-12].

在部分亚非拉国家形成传染病防控共识与路线图，达成联盟内资源与数据共享机制，开展传染性疾病药物研发和临床研究。为应对新冠疫情，2020 年 10 月，我国加入"新冠肺炎疫苗实施计划"（COVAX）；2021 年 5 月，我国启动建设金砖国家疫苗研发中心；截至 2022 年 6 月 10 日，我国已经向 120 多个国家和国际组织提供超过 22 亿剂新冠疫苗，相继向 20 多个国家转让技术、合作生产疫苗，在海外形成了 10 亿剂的新冠疫苗年产能[①]。考虑到全球传染病高发，建议重点科技合作方向包括：推进各国疫苗联合研发和试验、标准互认等工作，推动疫苗研究与产业化、优化疫苗应用策略；聚焦威胁共建国家居民健康的重大传染性疾病，加强疾病防控技术研发，开发一批亟须突破的临床诊疗关键技术，大力推动医疗新技术转化应用于临床，在科学评价的基础上形成一批诊疗技术规范，提高诊疗技术水平，优化疾病防控策略，提升防控能力；与共建国家在传染病防治药物、技术方案和实验室保障技术方面开展研发合作并推广经验。

5.4.2　医疗援助领域

（1）医疗应急援助

医疗援助应急技术主要针对传染性疾病、突发性灾害等带来的紧急医疗救助需求，也包括其他公共卫生资源的医疗援助。由于共建国家公共卫生能力具有明显的发展不平衡特征，许多欠发达地区的医疗水平薄弱，在突发形势下急需应急医疗援助。据 2017 年《中国健康事业的发展与人权进步》白皮书披露，我国自 1963 年派驻首批援外医疗队开始，已先后向 69 个发展中国家派遣了援外医疗队，累计派出医疗队员 2.5 万人次，治疗患者 2.8 亿人次。我国对部分共建国家的医疗援助如表 5-2 所示。针对医疗应急援助，建议重点科技合作方向包括：应急救援装备的合作研发，以更好地满足在灾害现场等应急救援状态下的监测预警、预防防护、通信指挥、紧急救援与医疗救护、交通运输等实际功能需求；信息化与智能化技术在全链条应急援助中的应用与布局，如无人机搜救、生命探测雷达研发等；"一带一路"应急医疗物资储备库的共建、共享与优化配置；与共建国家在应急救援人才方面开展培训与交流，协助欠发达地区完善应急医学救援管理机制。

---

① 中国疫苗持续助力全球抗疫合作 [EB/OL]. https://tech.gmw.cn/2022-06/10/content_35802058.htm[2023-06-01].

表5-2　中国对部分共建国家/地区的医疗援助

国家/地区	开始时间	医疗援助内容	报道时间
非洲	1963年	医疗队员2.3万人次，诊治患者2.3亿人次。2021年在非洲45国派有医疗队员近千人，共98个工作点，帮助建立20个专科中心	2021-11-26①
几内亚	1967年	29批援几内亚医疗队，开展卫生政策和公共卫生等领域的工作	2022-04-30②
圭亚那	1993年	17支医疗队，247名医务工作者	2022-04-05③
突尼斯	1973年	579万人次门诊服务，32.6万台手术	2021-12-07④
津巴布韦	1985年	派出援津医疗队19批188人次、短期援津医疗人员9批78人次，累计救治当地患者67 000余人次，并于2022年在津建起南部非洲最大的中医针灸中心	2023-03-09⑤
塞拉利昂	2014年	援建固定生物安全三级实验室并开展应急工作，可检测26种病毒、10种病原细菌和疟原虫，并具备基因测序技术，建立起针对发热和腹泻患者的基于综合征的多病原主动监测系统	2021-07-26⑥
斯里兰卡	2016年	"健康快车斯里兰卡光明行"，累计为斯里兰卡503例白内障患者实施了免费手术	2017-01-19⑦
巴巴多斯	2016年	5批中国医疗队，累计接诊门诊者556人，手术132台，中医治疗185人次	2021-07-26⑥
巴基斯坦	2017年	"中巴急救走廊"首个急救单元落成，4批中国医疗队共计接诊患者超过5000人次	2021-07-26⑥
蒙古国	2019年	"一带一路·光明行"，捐赠了价值近160万元的养老康复、应急救护等设施设备，并计划在五年内为蒙古国红十字会培训应急救护师资1000人，帮助指导组建当地应急救护专业志愿服务队并援助600个应急救护包	2020-09-14⑧

---

① 新时代的中非合作[EB/OL]. https://www.sohu.com/a/503584254_267106 [2023-06-12].

② 中国第29批援几内亚医疗队：践行医者仁心 增进中非友谊[EB/OL]. https://baijiahao.baidu.com/s?id=1731482637120235240&wfr=spider&for=pc [2023-06-12].

③ "两国人民友好的重要纽带"[EB/OL]. http://news.sohu.com/a/535375092_120578424[2023-06-12].

④ 驻突尼斯大使张建国在第25批援突医疗队表彰暨欢送仪式上的讲话[EB/OL]. https://www.mfa.gov.cn/web/dszlsjt_673036/ds_673038/202112/t20211208_10464071.shtml[2023-06-12].

⑤ 驻津巴布韦使馆举行纪念中国派遣援外医疗队60周年暨援津医疗队迎送招待会[EB/OL]. http://zw.china-embassy.gov.cn/xwdt/202303/t20230309_11038253.htm [2023-06-12].

⑥ 共同构建人类卫生健康共同体[EB/OL]. https://www.yidaiyilu.gov.cn/info/iList.jsp?tm_id=126&cat_id=10122&info_id=181314[2023-06-12].

⑦ 全球健康治理的"中国标杆"[EB/OL]. http://politics.people.com.cn/n1/2017/0119/c1001-29033879.html [2023-06-12].

⑧ 走"一带一路"·做光明善行[EB/OL]. http://www.rmhb.com.cn/zt/ydyl/202009/t20200914_800220717.html [2023-06-12].

续表

国家 / 地区	开始时间	医疗援助内容	报道时间
喀麦隆	2020 年	喀麦隆全国人口约 2179 万人，失明人数约占全国人口的 1%，眼科已诊治约 4000 人次，各类手术 90 余台	2021-11-23[①]

（2）专项技术援助与培训

医疗援助与疾病救治是健康丝绸之路建设的重要方向，专项技术援助与培训能够系统提升共建国家的公共医疗卫生水平。据 2017 年《中国健康事业的发展与人权进步》白皮书披露，截至 2017 年 6 月，中国共有 1300 多名医疗队员和公共卫生专家在全球 51 个国家工作，在华培养了 2 万多名受援国际医疗卫生管理和技术人才，建设了综合医院、专科中心、药品仓库等 150 多个标志性设施。其中，"一带一路国际光明行"卫生援助与合作交流[②]由健康快车与国家卫生健康委员会合作开展，不仅为当地贫困白内障患者免费实施复明手术，也帮助到访国家带教当地眼科医生，帮助建立"健康快车眼科中心"，深化了共建国家间的医疗卫生领域合作。在这一领域，建议重点科技合作方向包括：加强针对共建国家公共卫生现状与安全评估的系统研究，绘制共建国家高发疾病地图，增强技术援助的针对性；持续提升"一带一路国际光明行"等重点项目的覆盖国家和国际影响力，并将其运行模式拓展到其他领域的科技合作；结合共建国家需求，汇集相关医药组织和医学学术机构的资源与力量，多形式、多渠道地培育预防医学、卫生检验与检疫等相关专业人才；增加政府和非政府组织的资金投入，促进医疗科技创新研究，提高各国公共卫生安全水平。

（3）医疗能力体系的系统性建设

欠发达地区往往疾病负担沉重、医疗水平差距较大，急需优质的医疗卫生资源，目前的医疗援助方式包括援建医院、提供药品和医疗设备、派遣医疗队、培训医疗人员、开展疾病防治交流合作等，缺乏系统性的医疗能力体系建设。为此，建议重点科技合作方向包括：以全面科技合作取代简单医疗援助，系统助力医疗卫生水平和疾病救治能力提升，协助共建国家系统加强公共卫生能力建设；通过学术机构、企业、政府和非政府组织的多方努力，共同打造"一带一路"医疗能力体系建设网络，全面开展科

---

① 中国医生为喀麦隆眼伤儿童带来光明 [EB/OL]. http://www.cidca.gov.cn/2021-11/23/c_1211458379.htm [2023-06-12].

② 健康快车"一带一路国际光明行" [EB/OL]. http://ydyl.lifeline-express.com/front/web/about.explain [2022-07-07].

技创新和科技合作，如在医院之间建立对口合作机制，鼓励中国医药企业赴外投资生产等；结合各国不同的医疗体制和法律体系，协助所援建的急救中心、疾控中心、专科医院等实现自主运营，并更好地发挥信息中枢节点的功能，共同加强公共卫生体系建设。

5.4.3　先进医疗技术与健康产业发展领域

（1）生命组学技术与基因工程

生命组学技术与基因工程是健康科技领域的基础性工作，在这一领域，我国与共建国家有着广阔的合作空间：在生命组学技术领域，发展新一代测序技术和其他分子诊断技术，主导建立完善相关数据库和技术标准，发展新型疾病诊治技术与产品，发现可用于疾病诊断、预测、预警和疗效评价的生物标志物；在基因工程领域，研发更优的基因编辑工具包，挖掘并提升基因组编辑等合成生物学技术在发现疾病相关基因以及分子机制、生产人类疾病治疗与预防用的生物活性蛋白质、基因诊断和治疗方法等方面的应用潜力。

（2）精准医学与人工智能技术

精准医疗已成为全球医疗发展的重大方向，人工智能技术有助于早期发现疾病和快速准确诊断，医疗行业正在技术推动下走向"智慧医疗"，更好惠及民生。在这一领域，我国亟待与共建国家开展多层次的广泛合作：建立健康人群和重点疾病人群相关的生物数据库，建设精准医疗知识库体系，建立"一带一路"生物医学大数据共享平台；加强科研合作交流，针对重大疾病早期筛查、个体化靶向药物治疗、靶向外科手术、疗效预测及监控等精准化解决方案和支撑技术进行深化合作；积极推进我国与共建国家共同开展医学大数据分析和机器学习等技术研究，重点支持智能机器辅助个性化诊断、精准治疗辅助决策支持系统等研究，支撑我国与共建国家在智慧医疗方面共同发展。

（3）新型检测与治疗技术

新型检测与治疗技术能够显著提升医疗水平，增进患者福利，在这一领域，我国与共建国家的重点科技合作方向包括：积极推进高分辨医学成像、功能与分子影像、无创生化指标检测等技术方面的研发交流；在生物标志物高灵敏检测、液体活检、即时检测、病理组织快速分析、全自动快速病原微生物鉴定、传染病溯源鉴定等先进技术方面加强合作，以加快我国检测与成像技术突破；加强干细胞和再生医学、免疫治疗、基因治疗、细胞治疗等关键技术交流，提升我国生物治疗基础科研能力；与共建国家开展广泛合作，加快生物治疗前沿技术如微创或无创治疗技术、人机智能交互、脑机接口等新技术在临床的应用，提高临床救治水平，减轻患者痛苦、减少副作用并提高疗效。

5.4.4　信息化建设与传统医药合作领域

（1）远程医疗服务

近年来，人工智能、大数据、云计算、物联网等信息化手段发展迅猛，在此基础上发展出的远程医疗服务突破了地理距离的限制，有利于更好地整合优质医疗资源，延伸医疗服务范围（王琳琳等，2019），降低人才、技术、资金等约束对健康丝绸之路建设的掣肘。例如，2021 年 6 月 22 日，由葡萄牙中医药产业发展中心与北京医师协会共同发起成立的中欧远程医疗健康网（平台）正式启动，该平台为海外华人提供健康医疗在线咨询服务[①]，并设有中药方，通过我国快速发展的互联网平台将我国传统中医药文化传递给更多的海外侨胞。在这一领域，亟待发展的重点科技合作方向包括：汇聚政府、企业、医疗机构的共同力量，搭建"一带一路"远程医疗服务平台，为远程会诊、远程诊断、远程医疗教育、远程监护等提供便利的信息化基础；建立以中医电子病历、电子处方等为重点的基础数据库，鼓励依托医疗机构发展互联网中医医院，开发中医智能辅助诊疗系统，推动在共建国家开展远程医疗服务。

（2）传统医药服务

传统医药服务是健康丝绸之路建设的新方向和重点领域，也是凸显我国传统中医药优势的重要项目。截至 2022 年 10 月，中医药已传播至 196 个国家和地区，是我国与东盟、欧盟、非洲联盟、拉美和加勒比国家共同体以及上海合作组织、金砖国家等地区和组织的重要合作领域。但是，从全球发展来看，传统药物的研究和应用仍然十分不足，以专利数据为例，截至 2018 年 12 月，28 个共建国家拥有天然药物相关专利不足 50%，且各国专利公开量极不平衡（肖晴宇等，2021）。我国在中医药的资源互通和科技联通方面已有较多实践，如建设了 30 个较高质量的中医药海外中心和 56 个中医药国际合作基地，为共建国家民众提供优质中医药服务，推动中药类产品在更多国家注册；与国际标准化组织合作制定颁布了 64 项中医药国际标准，与共建国家分别合作建立了中国-俄罗斯中医药中心（莫斯科）、中国-俄罗斯中医药中心（圣彼得堡）、

① 中欧远程医疗健康网正式启动 [EB/OL]. https://www.imsilkroad.com/news/p/456784.html[2023-06-01].

中国-吉尔吉斯斯坦中医药中心、中国-哈萨克斯坦中医药中心、中国-尼泊尔中医药中心、中国-巴基斯坦中医药中心和中国-白俄罗斯中医药中心；与白俄罗斯共建中白工业园，携手发展传统医药产业等。在传统医药发展和传统医药服务合作领域，亟待加强的重点科技合作方向包括：利用信息化手段助力传统医药发展与合作，建立现代化的中医药管理体系，探索中医药在现代医疗体系中的应用，推进中医药的现代化与国际化；在当前传统药物专利集中的皮肤病、消化系统及抗感染三大领域，积极推进技术研发与合作；以创新为核心，对接国际标准，制定符合中医药特点的医药标准和规范，优化中医药知识产权服务和加强知识产权保护；与共建国家加强传统医学领域的教育培训，培育国际化研发与技术应用型人才，提升中国科技影响力；借助政府间交流合作机制，以多边合作为切入点，参与国际规则制定，推动打造国际文化传播品牌，构建中医药国际化环境，提升国际认可度和影响力。

5.5 本章小结

5.5.1 技术层面政策建议

（1）建立重大传染病监测预警与决策支持平台

建立"一带一路"重大传染病监测预警与决策支持平台，针对共建国家新发突发重大传染性疾病开展动态监测和有效预警，构建多时空、跨区域、分层次的传染病监测预警指标体系，实现传染病防控关口前移；同时，建立集成病原发现、检测诊断、治疗预防于一体的决策支持平台，增强传染病防控能力。

（2）加强先进医疗技术领域合作与产业化

充分调研共建国家在生命健康科技领域的前沿动态，绘制全产业链的技术图谱，结合我国在这一领域的短板和关键技术，抓住国际政治经济形势变化背景下的机遇，积极推进与共建国家在先进医疗技术和药物研发领域的合作，加快引领性技术的创新突破和应用发展。在生命组学、基因操作、精准医学、医学人工智能、新型检测与成像、微创治疗等前沿生物科学技术领域拓展合作关系，提升我国医学前沿领域原创水平，增强创新驱动源头供给；深化生物科技方面的国际合作与交流，加强先进技术的产业化。

（3）加强医疗卫生领域的数字化与信息化建设

当前，数据驱动的数字化转型为数字医疗提供了发展的可能，数字健康在资本市场备受青睐，建议抓住时机推进"一带一路"数字健康建设，加强与共建国家之间在数字医疗基础设施领域的合作；重视数字化对全球医疗卫生产业带来的冲击，利用这一契机弯道超车，占据全球数字医疗规则制定的先机；与共建国家联合，积极发展可携带设备、远程医疗等数字医疗相关技术。同时需要警惕，技术的发展是双刃剑，医疗卫生领域的数字信息与国家生物安全和社会稳定有着密切关联，在这一领域的合作需要在有效保护隐私的基础上利用好信息科技带来的便利，以此推进"一带一路"整体健康水平提升。

（4）深化传统医药领域的全方位合作

全方位推进传统医药的发展，充分发挥中医药防病治病的独特优势和作用，深化中医药交流合作，加快中医药"走出去"步伐。积极建设中医药"一带一路"海外中心与国际科技合作基地，组派中医援外医疗队，加快中医药国际标准化体系的建立，为共建国家医疗可持续发展贡献力量。以师承方式打造中国传统医学人才培训基地，积极培育高素质传统医学人才，拓展国际合作交流。

5.5.2　国际合作层面政策建议

（1）统筹施策，高质量打造健康丝绸之路品牌

一是做好顶层设计，切实增强科技创新的拉动作用，凝聚多方共识，更好打造健康丝绸之路的品牌。生命健康领域是与人类生活息息相关的重要领域。美欧等发达经济体在相关领域开展了广泛而深入的科技合作，搭建了复杂的合作网络体系，从广度看包括国际合作，从深度看包括政府层面的国家战略性合作、企业和其他机构层面的深入合作交流。相比而言，我国与共建国家在这一领域的科技合作还较为单薄，亟须统筹施策，从战略性高度制定全面系统的合作方略，并以此为指导开展具体合作，鼓励政府、企业和民众多方发力、各司其职、共同合作，多方位统筹推进，以科技创新和科技合作助力高质量健康丝绸之路建设。

二是因国施策，制定国际合作路线，考虑共建国家的健康需求差异选取有针对性的科技合作领域。中高收入国家的医疗卫生资源拥有量及居民卫生服务利用率较高、人群健康水平良好，主要疾病负担为非传染性疾病，面临营养过剩和过度医疗导致的健康问题，而中低收入国家卫生资源拥有量及卫生服务利用率较低、人群健康水平较低，主要面临营养不足和医疗卫生技术水平较低导致的健康问题。为此，针对发达经济体，建议积极推进传统医药交流和生命健康领域的前沿技术交流，以助于应对人口老龄化和非传染性疾病；针对新兴市场和发展中经济体，建议优先关注与生命健康密切相关的基础设施建设和可预防的重大传染病防治。在具体的对外合作中，可充分借助世界卫生组织的领导地位，奉行多边主义合作模式；建议基于地缘上的亲近性及社会文化上的相似性，优先建立周边区域内各国的合作机制。

三是着眼长远，布局医药、卫生与健康产业发展，借助健康丝绸之路建设打造富有弹性、韧性和可持续性的先进的全球生命健康产业链，提升我国在生命健康科技领域的核心竞争力。更好统筹国外与国内两个市场，建立更加协同、高效、开放的国家卫生与健康科技创新体系，在部分重点领域的基础前沿研究取得重要进展，针对重点人群和重大疾病的防控技术获得重要突破，卫生与健康科技创新能力显著增强，医疗服务供给质量明显改善，中医药特色优势进一步发挥，为提高全民健康水平、加快健康产业发展、助推"健康中国"建设提供坚实的科技支撑。

（2）创新体制机制，全方位推进科技合作

一是发挥体制机制创新的先行示范作用，以政策加强区域引导，鼓励合作。当前，我国从国家层面已经与许多共建国家建立了多边或双边的卫生合作关系，部分已形成了较高层次的合作机制。但是在区域层面，相关的卫生交流合作平台还较为欠缺，亟须出台相关的扶持政策和激励政策，鼓励各地与相关国家建立合作关系，推动务实的卫生合作项目建设。

二是全方位推进广泛而深入的科技援助和科技合作。具体来说，在战略规划和体制机制保障的基础上，强化现代化管理体系，建设投资基金，加强人才培养和人才交流，促进产业链交叉融合。特别是对于基础设施薄弱、资金缺口较大、贫困人口较多的新兴市场和发展中经济体，通过技术援助和技术合作，提高其卫生健康水平。

（3）政策先行，鼓励民营企业与非政府组织有所作为

一是充分调动民营企业的主动性，搭建科技合作与产业化平台。我国民营企业借助"一带一路"平台积极参与国际竞争和全球资源配置，是高质量共建健康丝绸之路的生力军。民营企业在医疗健康方面有人才、管理和技术的积累，也有更加机动灵活的运营方式，然而从企业内部来看，普遍面临海外投资战略不明确、管理体制相对落后、控制风险能力较弱等问题；从外部来看，则存在政治和金融风险、贸易壁垒、文化冲突等多方面挑战^①，已有政策缺乏精准性和特色（程大为和樊倩，2021）。建议搭建卫生健康领域的"一带一路"企业合作平台，从全产业链的角度支持民营企业参与卫生健康领域的科技合作，不仅要推动药品和医疗器械走出去，还要着眼于整个医疗领域的合作，给予更好的政策支持，以更好发挥民营企业的创新作用，促进科技产业化。

二是加强对科技型非政府组织参与医疗卫生领域对外合作的支持与规范。非政府组织具有公益性、非营利性、志愿性等特点，是"一带一路"建设的重要力量，中国红十字基金会、中国扶贫基金会、中国民间组织国际交流促进会等 90 多个中国社会组织参与"一带一路"民心相通行动计划（2017—2020）^②，协助政府和相关企业与共建国家开展卫生合作。建议重视国际化的科技型非政府组织在医疗卫生合作领域的特殊作用，搭建多元平台，鼓励加强多边技术合作，对先进医疗技术领域的项目提供支持。同时，建议加强对非政府组织参与对外医疗援助、健康技术合作等项目的规范，建立完整的评估机制，加强舆论宣传引导。

本章参考文献

程大为，樊倩. 2021. 民营企业投资建设"一带一路"境外经贸合作区的挑战与对策[J]. 经济纵横，（7）：64-72.

董雨鑫. 2020. 中国非政府组织对非援助研究[D]. 上海：上海师范大学.

关武祥，陈新文. 2016. 新发和烈性传染病的防控与生物安全[J]. 中国科学院院刊，31（4）：423-431.

蒋曼，李程跃，李振红，等. 2019. "一带一路"沿线区域及国家传染病发病状况分析[J]. 医学与社会，32（1）：1-6.

金雅玲，陈浩，耿云霞，等. 2020. "一带一路"沿线国家传染病防控策略研究[J]. 中国国境卫生检疫杂志，43（3）：218-220.

科技部，国家卫生计生委，体育总局，等. 2017. 科技部 国家卫生计生委 体育总局 食品药品监督总局 国家中医药管理局 中央军委后勤保障部关于印发《"十三五"卫生

---

① 民营企业借"一带一路"加快走出去 本土化经营谋互利共赢. 2022-09-28. https://www.yidaiyilu.gov.cn/xwzx/gnxw/11669.htm[2023-06-01].

② 中国社会组织推动"一带一路"民心相通行动计划（2017-2020）[EB/OL]. https://www.yidaiyilu.gov.cn/zchj/jggg/36736.htm[2022-09-28].

与健康科技创新专项规划》的通知[EB/OL]. https://www.most.gov.cn/xxgk/xinxifenlei/fdzdgknr/fgzc/gfxwj/gfxwj2017/201706/t20170614_133527.html[2017-06-14].

李荣, 鲍淑君, 温灏, 等.2021. 国际非政府组织合作视角下的共建"一带一路"思考与建议[J]. 全球能源互联网, 4（3）：284-291.

李怡萌.2018."一带一路"沿线国家粮食安全问题及中外合作机遇[J]. 世界农业,（6）：29-36.

李振红, 李程跃, 刘海涛, 等.2019. 南亚地区传染病发病趋势分析[J]. 医学与社会, 32（1）：17-20, 41.

刘海涛, 王颖, 李程跃, 等.2019."一带一路"沿线区域及国家传染病疾病负担分布[J]. 医学与社会, 32（1）：7-11.

马忠法, 吴凌梓.2020."一带一路"倡议下我国生物安全问题的法律应对——以非洲猪瘟事件为视角[J]. 国际商务研究, 41（3）：55-66.

倪晓宁, 杨雪雯.2020."一带一路"援外医疗网络建设缘起与挑战[J]. 合作经济与科技,（1）：104-105.

曲鹏飞.2021."一带一路"框架下国际传染病应急合作研究[J]. 中国应急管理科学,（9）：82-88.

孙敬鑫, 王丹.2020."健康丝绸之路"建设宜"蹄疾步稳"[J]. 今日中国,（5）：40-43.

汪瑶, 王文杰, 傅昌, 等.2018. 中国与"一带一路"沿线国家卫生合作研究及启示[J]. 中国卫生政策研究, 11（10）：56-61.

王金龙, 王立立, 宋渝丹, 等.2021."一带一路"倡议下加强公共卫生国际合作的探讨[J]. 中国公共卫生管理, 37（1）：110-114.

王琳琳, 翟运开, 王小宁, 等.2019."一带一路"远程医疗服务体系建设研究[J]. 中国工程科学, 21（4）：47-52.

肖晴宇, 荣真, 王亚妮, 等.2021."一带一路"沿线国家天然药物专利概况及"典型国家"专利分析[J]. 中国现代中药, 23（1）：12-18.

谢臣晨, 王颖, 刘海涛, 等.2019. 东南亚地区传染病发病趋势分析[J]. 医学与社会, 32（1）：42-46.

阴云如, 邓志良.2006. 饮水与人体健康的关系分析[J]. 中国科技信息,（12）：219-221.

曾爱平.2021. 全球公共卫生治理合作：以中非共建"健康丝路"为视角[J]. 西亚非洲,（1）：26-47.

Fullman N, Yearwood J, Abay S M, et al. 2018. Measuring performance on the Healthcare Access and Quality Index for 195 countries and territories and selected subnational locations : a systematic analysis from the Global Burden of Disease Study 2016[J].The Lancet, 391（10136）: 2236-2271.

第 6 章

绿色丝绸之路建设

我国是全球生态文明建设重要的参与者、贡献者、引领者。我国与联合国携手，积极推动落实联合国 2030 年可持续发展目标，促进联合国《巴黎协定》《生物多样性公约》《仙台减少灾害风险框架》《海洋科学促进可持续发展十年》等多个国际议程，通过共建“一带一路”推动全球生态环境保护和绿色发展。绿色丝绸之路建设是高质量共建“一带一路”的重要内容。本章分析了绿色丝绸之路建设面临的主要挑战，阐述了科技合作在绿色丝绸之路建设中重要性，明确了绿色丝绸之路建设的重点科技合作方向，并提出相关科技合作的政策建议。

6.1 绿色丝绸之路建设面临的主要挑战

6.1.1 气候变暖导致环境变化加剧

总体来看，近百年来“一带一路”国家和地区各气候带的气温均显著上升。1901～2018 年，“一带一路”国家和地区整体增温率为每 10 年 0.11℃。1960 年以来是快速增温阶段，增温率为每 10 年 0.22℃。过去 100 年，“一带一路”国家和地区的降水量整体呈现增加趋势，每 10 年增加 12.2 毫米。1960 年以来降水量增加趋势变大，整个地区每 10 年增加 24.4 毫米。在未来全球变暖情景下，“一带一路”国家和地区总体将持续增暖，降水量增加，高纬地区总降水量增加较多（Liu et al., 2022; Fan et al., 2022）。

20 世纪 50 年代以来，极端暖日普遍增多，极端冷日则普遍减少。同期，很多地区干旱化趋势增强，干旱、半干旱地区的沙漠化面积扩张了 10%～20%。人为气候变化已经使得 12.6%（543 万平方千米）的旱地荒漠化，影响了 2.13 亿人，其中 93% 的人生活在发展中经济体（Burrell et al., 2020）。气候变化预估表明，到 21 世纪末，“一带一路”国家和地区的温度将继续上升，降水也将继续增加，热浪、极端降水、干旱等极端天气事件的发生频率和量级将大幅增加（周波涛等，2020）。升温 2℃ 与升温 1.5℃ 情景相比，极端热浪天数将增加 4.2 天 / 年，热浪将更频繁、持续更长时间；极端降水事件趋多，印度和中南半岛季风区的变化尤其突出；中东欧、蒙古国和俄罗斯的干旱强度和频率都将增大，持续 4~6 个月的干旱事件的频率将翻倍。

气候变暖将加剧水资源变化的不确定性。冰川普遍退缩，导致区域水资源分布格局发生变化（Yao et al.，2022）。当前，世界上超过 20 亿人口生活在中度至高度缺水的国家，在非洲和西亚尤为严重。至少有 17 个非洲国家因缺水而在粮食生产、生态系统保护和经济发展上面临着严重制约。如果当前的水资源利用方式不改变，到 2030 年世界将只拥有所需水量的 60%（世界银行，2023）。气候变化会导致更加不稳定的降雨模式，水资源短缺问题将更为严峻。

作为"亚洲水塔"的青藏高原地区（Immerzeel et al.，2020），地表水超过 9 万亿吨，但水资源分配不均，表现为冰川、冻土强烈融化，部分地区的湖泊水体扩张（Yao et al.，2019，2022）。"亚洲水塔"的十多条江河径流量呈现出不稳定的变化，特别是径流的季节分配不均匀更为明显，春季径流峰值明显提前，威胁下游的水安全和粮食安全（Lutz et al.，2022；Wang T et al.，2021）。中亚大湖区咸海水资源减少，湖泊面积锐减，由 20 世纪 60 年代的 6 万平方千米减少到 2020 年的 5000 平方千米以下。东南亚国家水资源时空分布不均导致区域季节性水资源短缺，水资源短缺已威胁到该地区的生物多样性。

近几年，"一带一路"国家和地区为应对气候变化出台了一些措施，并尝试与国家发展计划、气候变化战略、部门规划等对接。但是，已经出台的战略法规与技术措施没有实现协同配合，应对气候变化的行动也未能在各行业和社会有效推广。要提升"一带一路"国家和地区应对气候变化的能力，首先需要加强气候变化研究的科学基础，其次需要构建生态友好、行业可用、经济可行的气候变化应对方案，同时需要加强应对气候变化的技术创新能力。

6.1.2　部分地区生态环境面临危机

首先，很多地区水污染严重。根据 2022 年《联合国世界水发展报告》，发展中国家约有 10 亿人饮用不清洁水，每年约有 2500 万人死于饮用不清洁水。尤其是在拉丁美洲、非洲和亚洲，大约 1/3 的河流受到严重致病污染的影响，大约 1/7 的河流受到严重有机污染的影响，大约 1/10 的河流受到严重和中度污染的影响。在高收入和低收入国家，食品部门对形成有机水污染物的贡献率分别为 40% 和 54%。非洲超过一半的人口仍然无法合理地获得环境安全的用水。"一带一路"国家和地区中的干旱地区水污染威胁尤为严重。

其次，部分区域土地退化加剧，包括水土流失、风蚀沙化、盐碱化、土壤酸化和碱化及其导致的荒漠化。据2010年全球环境基金科技顾问团的数据，全球24%的土地处于退化中，世界上有15亿人的生计维系于退化土地。[1]110个国家面临土地退化的风险，每年的土地损失高达1200万亩[2]，折合2000万吨谷物。[3]每年因荒漠化和土地退化而引起的经济损失高达420亿美元。中国科学院A类战略性先导科技专项"地球大数据科学工程"对全球2015年土地退化基准评估结果显示，全球仍有32个国家土地退化面积大于土地恢复面积。其中，持续土地退化的地区主要集中于中亚与非洲地区。[4]在非洲最不发达国家和内陆发展中国家，土地退化导致食物和水变得稀缺，对剩余资源的竞争加剧，严重制约了当地社会经济发展和居民福祉。

最后，生物多样性减少和生态系统服务功能降低。联合国发布的第五版《全球生物多样性展望》（GBO5）指出，针对2010年设定的"爱知生物多样性目标"，全球仅"部分实现"了20个目标中的6个，没有1个目标"完全实现"。共建国家特别是其中的森林和热带地区，栖息地丧失和退化严重；湿地正在减少，河流呈现碎片化；自1970年以来，野生动植物数量下降了2/3以上，并且在过去10年中持续下降。预计全球干旱趋势将加剧，而除了气候变暖影响外，干旱化风险可能会显著影响陆地物种的分布，进一步影响未来当前自然保护区的有效性（Shi et al.，2021）。根据2015年的一项土地利用及变化对当地陆地生物多样性的影响研究，如果当前土地利用一切照旧，预计到2100年，全球样本内物种丰富度将进一步下降3.4%，且损失集中在生物多样性丰富但经济贫穷的国家（Newbold et al.，2015）。此外，根据生物多样性和生态系统服务政府间科学政策平台（IPBES）2019年发布的报告[5]，人类已经改变了地球上超过75%的陆地表面和超过66%的海洋区域，导致自然栖息地的丧失和破碎化，致使生物多样性减少。IPBES认为，近50年来，栖息地维持、授粉、空气质量调节、气候调

---

① 数据来源于2010年全球环境基金科技顾问团，New Science, New Opportunities for GEF-5 and Beyond。

② 1亩≈666.7米²。

③ 数据来源于2009年联合国防治荒漠化公约，Securitizing the Ground, Grounding Security。

④ 世界防治荒漠化与干旱日：我国提前实现土地退化零增长，http://www.kepu.gov.cn/www/page/kepu/famousContent?famousId=47467f9270c540e8b55dedd757bd0ee0&id=6ebbac9f798641db97d3f59f9a51ed72。

⑤ IPBES Global Assessment Preview: Introducing IPBES' 2019 Global Assessment Report on Biodiversity and Ecosystem Services, https://www.ipbes.net/news/ipbes-global-assessment-preview。

节、海洋酸化调节、水量和流量调节、水质调节、土壤形成与保护、灾害调节、害虫调节 10 项生态系统调节功能全部下降,4 项生态系统非物质功能部分下降。其中,西非、东非、中非、南亚、南非、南美和东南亚位列生态系统调节功能下降的前 7 位。

6.1.3 灾害风险上升,挑战加大

首先,灾害类型多。"一带一路"国家和地区地质构造复杂、地震活动频繁、地形高差大、侵蚀营力活跃、工程地质条件差,加之受季风气候控制,降水集中且强度高,地震、地质、水文、气象、海洋等自然灾害极为发育,分布广泛,成灾频繁,危害严重(崔鹏等,2018)。其中,中蒙俄经济走廊、新亚欧大陆桥主要遭受干旱与冰冻灾害,东欧部分地区同时遭受洪水与地质灾害;中国-中亚-西亚经济走廊呈现地震与地质灾害共同出现的特征,历史地震灾害尤为严重;中巴经济走廊沿线易遭受地震、地质与洪水灾害影响;中国-中南半岛经济走廊易遭遇干旱和旱涝急转;孟中印缅经济走廊遭受的主要灾害为地震、地质灾害和洪涝灾害。

其次,灾害损失大。由于"一带一路"国家和地区发展中国家众多,灾害设防能力较低,灾害数量、经济损失和人员死亡均远大于全球平均值,其中中亚、南亚因灾害导致的每百万人口伤亡人数可高达世界平均值的 10 倍(葛永刚等,2020),经济损失上升趋势明显。1940~2022 年,"一带一路"国家和地区共发生 5442 次自然灾害,造成人员死亡 337.6 万人,超过 38.2 亿人受灾,各类自然灾害造成的经济损失共计9118.6 亿美元[①]。

再次,灾害风险高,未来挑战大。"一带一路"国家和地区自然灾害综合高风险区域集中分布于亚洲东部、南亚、东南亚大部、喜马拉雅山脉、印度半岛、非洲中东部和欧洲南部部分地区。随着人类社会经济活动强度上升,以及气候变化导致的极端天气气候事件频度显著增加,共建国家遭受巨灾及其灾害链活动趋于增强,灾害风险持续增加。区域强降雨增加可直接引发滑坡、泥石流等灾害,也将提高其他极端事件的发生概率;持续变暖导致冰冻圈相态转变加速、变强,进而导致陆地冰冻圈灾害频次和强度增加(Gao et al.,2019),增加山体滑坡、雪崩、冰雪融水和冰湖溃决形成山洪、泥石流等灾害的风险(Ding et al.,2021)。中国东部季风区南部、中国西北干旱区西部、中亚西亚干旱区北部、东南亚及太平洋温暖湿润区和中东欧寒冷湿润区南部部分地区,是未来高温热浪的主要高危险区。在中低纬地区,洪涝事件强度逐渐增强,

---

① The Emergency Events Database, http://www.emdat.be/emdat_db/ (accessed on 6 April 2022).

特别是孟中印缅温暖湿润区南部和北部、中国东部季风区东部和巴基斯坦干旱区南部。中东欧寒冷湿润区西部、中亚西亚干旱区北部、巴基斯坦干旱区东北部、东南亚及太平洋温暖湿润区部分地区、青藏高原区北部地区、中国西北干旱区西部和中国东部季风区南部，干旱事件发生频率更高、持续时间更长、影响的范围更大（吴绍洪等，2018）。

最后，防灾减灾基础资料薄弱，国际巨灾救援联动机制不足。受各国社会经济发展水平和科技能力的限制，共建国家严重缺乏满足减灾需求的完备的灾害基础信息（牛春华和许倩，2021）。以巴基斯坦为例，自然灾害易发的北部山区缺乏气象和灾害监测点，难以满足减灾需求。另外，巨灾和多灾种复合链生灾害成灾致灾过程机理认知不清，减灾技术装备存在短板，难以满足重特大灾害防灾减灾实战需求。此外，灾害信息国际共享与多国联动机制缺乏，限制了巨灾和跨境灾害防治与应对。例如，2015 年尼泊尔地震、2011 年泰国大洪水、2004 年印度尼西亚地震海啸，缺乏灾害信息共享与多国协调联动减灾机制是造成重大损失与伤亡的重要因素（葛永刚等，2020）。

6.1.4　海洋生态安全问题日益突出

首先，海洋面临酸化问题和底层缺氧问题。近 200 年来，全球表层海水 pH 平均值降低了 0.1。据联合国政府间气候变化专门委员会（IPCC）预测，到 21 世纪末表层海水 pH 平均值将下降 0.2～0.3，这一海水酸化速度是过去 3 亿年来最快的。海水酸化直接影响颗石藻、贝类、珊瑚虫等钙化生物的钙化速度，乃至威胁其生存。另外，海洋酸化还将影响非钙化生物鱼类的基础感官能力，改变鱼类洄游、摄食等行为；影响海洋生物的生理代谢、生长和繁殖，破坏海洋生物多样性和生态平衡（Andersson et al.，2015）。此外，全球变暖导致上层海洋层化现象加强、水体垂直交换受阻，进而导致下层溶解氧降低。20 世纪中期以来，全球变暖已使赤道中东大西洋和赤道太平洋的低氧区不断扩大，全球已报道的缺氧区域达 200 多处（Diaz and Rosenberg，2008）。海洋缺氧事件的增加，将进一步加重海水酸化变暖对海洋生态的影响（Sampaio et al.，2021）。

其次，海洋污染问题日趋严重。近海区域富营养化问题加剧。自 20 世纪 70 年代开始，全球近海区域所报道的有害藻华事件呈现显著增加趋势。赤潮已成为全球性公害，菲律宾、印度、印度尼西亚、马来西亚等 30 多个国家和地区沿海区域频繁发生赤潮。近 50 年来，我国近海赤潮发生频率不断增加、规模不断扩大（Strokal et al.，2014；Wang et al.，2018）。另外，全球多地出现水母激增的现象，给当地经济和生态造成了严重的损失，严重威胁近海核电站安全。此外，海洋垃圾污染形势严峻。联合国环境署 2019 年报告指出，每年有大约 800 万吨垃圾进入海洋，其中塑料制品超过一半，造成水质恶化、海洋生物大量死亡、海洋生态系统被打乱等严重问题[①]。

最后，海洋生态系统功能退化。受沿海开发、过度捕捞、污水排放等人为因素影响，全球海洋生物多样性下降，部分海洋生态系统服务功能退化。特别是，由于海平面上升和上游入海水沙减少等，滨海湿地正因海岸不断侵蚀而蚀退消失。预计到 21 世纪 80 年代，海平面上升将会导致全球 22% 的湿地退化（Robert et al.，1999）；叠加人为因素影响，超过 70% 的湿地可能会消失（IPCC，2021）。另外，海洋暖化和海水酸化造成珊瑚群落结构由造礁珊瑚转变为非造礁珊瑚，珊瑚礁体发育停滞、侵蚀增强，岛礁生态系统内的生物多样性持续下降。全球 14% 的珊瑚礁在 2009～2018 年遭到破坏，给当地居民生活和产业发展造成严重影响（Putnam et al.，2017）。

6.2　科技合作在绿色丝绸之路建设中的作用

6.2.1　有助于共同应对气候变化

共建国家面临着气候变化导致的极端事件频发、水资源分布不均等问题，严重影响着绿色丝绸之路建设。加强共建国家气候变化科学评估及气候变化应对的科技合作，对于绿色丝绸之路建设和全球应对气候变化具有重要意义。共建国家共同应对气候变化有助于推动构建多元气候治理体系。中国作为最大的发展中国家，一直是气候变化国际合作的积极倡导者和实践者。为推动绿色丝绸之路建设，中国与共建国家可以开展科学研究、技术示范等多方面的科技合作，提升应对气候变化能力。

6.2.2　有助于共同保护生态环境、实现可持续发展

共建国家面临着水环境污染、土地退化、生态系统服务功能降低等各种生态环境问题，"一带一路"高质量发展须加强共建国家间的生态环境保护合作，实现资源的优

---

① 环境署：塑料微粒、塑料微珠和一次性塑料制品危害海洋生物及人类健康，https://news.un.org/zh/story/2019/11/1044971.

化配置。近年来，生态环境治理成就提升了中国的国际地位和"一带一路"建设的国际认可度。然而，生态环境管理基础薄弱、境外投资风险和"中国环境威胁论"等尖锐问题仍然存在。因此，应发挥我国生态文明建设的制度优势，以科技合作推动绿色转型发展，为共建国家和全球生态文明建设贡献中国方案。

6.2.3 有助于防灾减灾合作

自然灾害是绿色丝绸之路建设的重大威胁（崔鹏，2020），充分认识该地区灾害风险，最大限度地减轻灾害损失，对建设绿色丝绸之路具有重要意义。目前的共同挑战是：实质性合作不足、全球影响力尚未充分展现，特别是灾害风险领域的科技合作机制仍有空缺。此外，我国在共建国家已经投资和完成的大量基础设施建设项目，也需要防范灾害风险。为此，开展自然灾害风险与综合减灾科技合作，可以服务各国防灾减灾民生工程，减轻自然灾害对重大工程造成的不利影响。这不仅响应了共建国家人民对防灾减灾的迫切需求，也对我国海外资产安全起到保障作用，也是为共建绿色可持续的"一带一路"贡献中国智慧和中国方案，为落实联合国《2015—2030年仙台减轻灾害风险框架》（Sendai Framework for Disaster Risk Reduction 2015-2030）（简称《仙台减灾框架》）和构建人类命运共同体做出中国自己的贡献。

6.2.4 有助于海洋生态安全合作

共建绿色"21世纪海上丝绸之路"，不仅需要共建国家政府在政策制定上进行外交协商与合作，还需要科技合作。然而，海上丝绸之路沿线国家的海洋科研能力普遍相对较弱，而美国、日本和澳大利亚等发达国家具备先发优势，在海洋灾害防控、生态保护、海洋污染和垃圾治理等领域具有较重话语权。我国在海洋新兴领域，总体处在跟跑、部分领跑阶段。我国海洋碳汇的自然资源类型丰富，地域特色鲜明，可发展多种海洋增汇技术。海洋碳汇是应对气候变化的基于自然的解决方案，兼具近海富营养化治理、海洋生态系统修复、生物多样性保护等功能。因此，以海洋碳汇领域研发为抓手，发展与海上丝绸之路沿线国家的科技合作，将有效提升我国在气候变化应对、海洋生态环境治理等全球治理领域中的国际话语权。

6.3 绿色丝绸之路建设的重点科技合作方向

6.3.1 应对气候变化领域

（1）气候变化影响下的水−生态变化规律与协同管理

水资源与生态系统和谐共生是"一带一路"建设适应气候变化的关键。要加强共建国家水−生态多圈层作用的合作研究，揭示水资源和生态系统变化规律及驱动机制；要加强共建国家水−生态协同管理以适应气候变化；要适应"亚洲水塔"气候变化，建立水与生态监测预警平台，提出典型流域/区域"山水林田湖草沙冰"一体化保护修复治理的科学方案，保护国家水资源和保障水安全战略；要适应中亚大湖区气候变化，建立区域协同治理示范体系，提出咸海、巴尔喀什湖和伊塞克湖生态治理路线图与中亚国家水−社会经济−生态协调方案，服务咸海流域生态修复治理；要适应东南亚大河区气候变化，建立水资源可持续性研究范式，提出水−粮食−能源协调方案以及东南亚大河区洪涝灾害防治和气候变化适应方案，支撑澜湄流域国际河流水资源协同管理与共享。

（2）气候变化影响下生态系统碳汇功能与碳交易机制

共建国家在自然和社会经济基础、固碳与减排潜力等方面存在较大差异，国家间开展碳交易的潜力巨大。在此背景下，亟待系统分析区域碳交易潜力，明确不同国家优先需求，建立统一标准的区域碳交易市场和多边合作机制。在综合考虑生态补偿成本的基础上，通过合理的交易机制与定价体系，实现区域内生态保护与经济发展协同（宁瑶等，2022）。碳交易价值除以货币形式体现外，还应包括基础设施建设投资、能源结构优化、技术转移、教育与科研能力提升等。在干旱半干旱地区需要综合考虑水资源可利用性与增汇减排的关系，应首先保障粮食、生活和生态安全基本用水。

（3）风能、水能、太阳能等绿色能源发展

共建国家可开发的绿色能源丰富，加强绿色能源发展的科技合作，是减缓气候变化的重要途径，将为共建国家的碳达峰碳中和目标做出重要贡献。中亚地区日光充足、光照强烈，夏季阳光照射量不逊于热带地区。东南亚国家有丰富的太阳能、风能和水能，越南、老挝、泰国等地风力资源丰富，南亚地区也有丰富的太阳能、水资源和风力资源，孟加拉国、印度日照量达到平均每平方米 4～7 千瓦时，尼泊尔水能理论蕴藏量约 83 000 兆瓦[①]。青藏高原地区风能、水能、太阳能、地热能等绿色能源资源丰富，绿色能源开发潜力巨大。

许多共建国家正处于工业化起飞或快速发展阶段，能源需求量增长迅猛，迫切需要提升能源供给能力和绿色能源占比。青藏高原绿色及其周边地区绿色能源的快速发展为"一带一路"绿色能源科技合作奠定了基础。藏电外送和绿色能源开发利用技术输出将成为推动共建国家能源合作迈向绿色低碳新里程的重要支点。应充分利用青藏高原在风电、水电、光伏和地热发电等领域的技术优势，通过进一步强化储能技术研发和特高压输电工程建设，提升外输电能稳定性和供电效率，改善电网连通条件，因地制宜开展绿色能源协同开发，通过技术输出带动共建国家的绿色能源产业发展。

（4）地球工程技术研究

目前学界正在开展人工干预减缓气候变化的探索性研究，这类工程和技术手段称为地球工程。IPCC 将地球工程分为两种类型：第一种类型是碳移除地球工程，其主要原理和路径是通过生物质碳捕集、岩石圈和海洋碳封存等各种碳捕集、封存和转化技术，降低大气中的温室气体浓度；第二种类型是太阳辐射管理地球工程，是通过影响进入大气层的太阳辐射，为地球直接降温，其主要原理和路径是通过增加反照率，把一些太阳光散射回太空，从而减少地球吸收的短波辐射，降低地球变暖的速率。地球工程目前尚处于探索阶段，其对气候变化减缓的效果以及潜在的风险尚未得到全面的评估。共建国家可以参与地球工程的先导研究，以从理论上深化地球工程在应对全球气候变化中的作用和可行性。

（5）第三极和泛第三极环境

中国科学家牵头发起的"第三极环境"（TPE）国际计划是适应气候变化和实现丝绸之路绿色可持续发展的重要科学实践（Yao et al.，2012）。在此基础上，中国科学院 A 类战略性先导科技专项"泛第三极环境变化与绿色丝绸之路建设"开展了聚焦于绿色丝绸之路建设的泛第三极环境研究。自 2011 年 TPE 国际计划被列为联合国教育、科学及文化组织（UNESCO）-联合国环境规划署（UNEP）等共同支持的旗舰计划和上述 A 类先导专项启动以来，先后建成了国际旗舰观测网络，成立了中国、尼泊尔、美国、瑞典、德国 5 个科学中心。此后，在第二次青藏科考的支持下，研究团队又有了新的发展。通过持续的科学研究，团队揭示了第三极地区环境变化及其链式响应过程

---

① 推进"一带一路"绿色能源国际合作 [EB/OL].https://wap.greenbr.org.cn/xxdt/xwgn/8a7beee873dc74de 017400384f8b005a.html[2020-08-18].

和"亚洲水塔"失衡的问题，提出区域水资源协同管理的对策，形成的研究成果是联合国《团结于科学 2020》专题报告的重要组成部分，也是世界气象组织（WMO）水和气候联盟的经典案例，撰写的《第三极环境科学评估报告》已由 UNEP 于 2022 年 4月 28 日全球发布（United Nations Environment Programme，2022）。在此基础上，团队建立了冰崩和冰湖溃决灾害监测预警体系，推动实施了拉萨地球系统多维网保护、修复、治理应用示范科考平台，提出了第三极国家公园群建设方案等生态环境保护措施，成为引领第三极研究的一面旗帜，并成为与尼泊尔、巴基斯坦、印度、不丹等青藏高原周边国家开展气候环境变化国际合作的重要平台。TPE 国际计划将聚焦气候变化影响下的第三极地球系统多圈层变化过程及其灾害风险这一大科学问题，加强 5 个 TPE科学中心的活动，组织资深专家论坛及不同主题的专题会议，开展联合野外科考研究，建设地球系统综合观测旗舰站，强化与国际组织和国际计划的合作，拓展与南北极的联动研究。

6.3.2 生态环境保护领域

（1）水资源管理与节水技术

气候变化会改变水文循环，并增加洪水和干旱的频率和强度（周波涛等，2020）。大多数共建国家位于全球热带和干旱区、农村贫困人口比例大，对高度依赖降雨变化来维持生计的干旱区农村贫困人口而言，缺水和干旱将加剧社会脆弱性和冲突。为应对以上水资源挑战，建议近期重点科技合作方向包括：共建国家水资源联合调查研究与数据库建设；共建国家重点地区水文气象预报和预警技术研发；共建国家干旱区生态-水文过程研究；共建国家干旱区农业节水技术研发；共建国家水资源管理机制研究；共建国家中发展中国家农村水安全保障机制与减贫研究。

（2）水环境治理与人类健康保障

共建国家中的全球新兴经济体在农业、矿业、工业和城市化过程中往往伴随着高污染，且上述国家缺乏足够的资金技术以及时去除上述污染。亚洲和非洲广布的跨界流域、农业面源污染溯源的困难性、低收入国家农村净水设施的缺乏更是在粮食安全、人体健康等不同层面导致水环境问题的复杂性。为应对以上水环境挑战，建议近期重点科技合作方向包括：共建国家水质联合调查研究与数据库建设；共建国家重点地区水质监测与预警技术研发；共建国家粮食主产区非点源污染防治技术研发；共建国家水环境管理机制研究；共建国家中发展中国家农村水质与居民健康保障机制研究。

（3）土地退化防治技术与示范

《联合国防治荒漠化公约》（UNCCD）承诺到 2030 年恢复约 10 亿公顷的土地，其中超过 2.5 亿公顷的土地是农田。共建国家所在区域是土地恢复的重点地区。但考虑到疫情、战争对全球粮食安全的显著影响，如何开展土地退化防范与修复，同时保障粮食安全、维持农户收入、减少灾害风险、提升生态效益，仍是共建国家土地管理中的重大挑战。为应对以上土地退化挑战，建议近期重点科技合作方向包括：共建国家土地退化联合调查研究与数据库建设；共建国家干旱区荒漠化成因研究与防治技术研发；共建国家粮食主产区农田土壤修复技术研发；共建国家中重点国家盐碱化治理技术研发；共建国家中发展中国家退化土地综合整治与减贫研究。

（4）生物多样性保护与生物资源利用

《昆明宣言》承诺：确保制定、通过和实施一个有效的"2020 年后全球生物多样性框架"，包括提供与《生物多样性公约》一致的必要的实施手段，以及适当的监测、报告和审查机制，以扭转当前生物多样性丧失趋势并确保最迟在 2030 年使生物多样性走上恢复之路，进而全面实现"人与自然和谐共生"的 2050 年愿景。全球生物多样性的热点区和主要退化区位于热带，共建国家广布，而当地往往缺乏有效的科学数据支撑和适应气候变化的物种保护措施。建议近期重点科技合作方向包括：共建国家生物多样性联合调查研究与数据库建设；共建国家生物多样性对气候变化的适应研究；共建国家重要野生植物种质资源可持续利用研究；共建国家生物多样性保护与乡村社区发展路径研究。

（5）陆地生态系统修复机理、技术与模式

"联合国生态系统恢复十年"（2021—2030）致力于推动世界各地对生态系统进行保护和修复，旨在制止生态系统的退化，并被认为是适应气候变化、防止物种大规模灭绝的关键途径。该倡议强调了森林、湿地、旱地等自然生态系统对可持续发展、减缓贫困和改善人类福祉至关重要，并且确认了生态系统恢复所产生的碳汇对实现《巴黎协定》的重要作用。"一带一路"包含了地球上最大的干旱半干旱生态系统，以及相当一部分的热带森林生态系统和湿地生态系统，而当地大多为发展中国家和地区，经济实力薄弱，生态系统开发力度大且保护能力不足，因此共建国家是"联合国生态系统恢复十年"（2021—2030）的重点区域。建议近期重点科技合作包括：共建国家生态系统退化联合调查研究与数据库建设；热带森林生态系统恢复与可持续森林经营模式研究；干旱区草地生态系统恢复与可持续放牧模式研究；湿地生态系统恢复与生物多样性

保护模式研究；生态修复市场化投入机制研究。

（6）面向社区可持续发展的生态环境治理

联合国可持续发展目标（SDGs）是联合国对消除贫困、保护地球并确保到 2030年所有人享有和平与繁荣的普遍行动呼吁，但这些目标并未准确把握国家本身的资源环境本底和居民生计的关系。与亚洲、非洲众多共建国家的城乡社区开展面向可持续发展的生态环境治理科技合作，既为"一带一路"设施联通提供生活物质支撑，也为"一带一路"民心相通提供生态文化载体。建议近期重点科技合作包括：人与自然和谐共生理念下的共建国家重点城市化地区生态社区设计研究（如雨洪消纳、绿色建筑、废水净化、河道清淤等）；"山水林田湖草沙冰"生命共同体理念下的共建国家郊野乡村生态网络构建研究（如生态廊道、绿色基础设施等）；重点共建国家可持续发展（生态文明）示范区建设。

6.3.3　灾害风险防控领域

（1）"一带一路"自然灾害风险评估和区域减灾规划

联合共建国家开展自然孕灾背景、灾害发育、危害对象的系统调查，建立灾害本底数据库。在此基础上，进行不同尺度自然灾害风险评估，包括全区域、分国别、典型区等的分灾种和多灾种灾害风险评估。依据评估结果，制定区域减灾规划，包括能力提升、科技支撑、应对技术、风险管理、韧性建设、协同机制等内容，作为共建国家减灾协作和各自减灾方案制定的依据，也成为联合国《仙台减灾框架》在"一带一路"国家和地区落地的科学依据和实施方案。

（2）"一带一路"自然灾害空–天–地综合监测预警体系

推动多灾种监测和预警系统（地震、台风、洪涝和干旱）科技合作，共同构建共建国家自然灾害空－天–地综合监测预警体系；选择典型地区开展灾害综合监测平台建设示范。加强新技术应用和灾害监测科技合作，开展多灾种灾害监测预警技术交流和研究，包括重特大自然灾害风险动态监测关键技术及卫星、雷达等一体化监测预警技术研发与应用，推动联合发射"一带一路"灾害监测卫星。分享风险监测预警数据，增强共建国家灾害风险早期发现、科学应对和高效处置的科技支撑能力。

（3）基础数据共享和减灾技术标准融通

基础数据缺乏和难以共享是制约防灾减灾成效的堵点和痛点。构建基础数据与灾害信息共享机制，共享灾害本底数据、风险信息、监测预警信息（如减灾卫星、海啸观测预警网、气象灾害观测设施等），打通减灾信息资源共享瓶颈，加快共建国家灾害数据库建设，更好地服务灾害研究和跨境灾害风险管理。

灾害防治调查、勘测、评估、规划、设计、施工等标准与规范的研发，是保障防灾减灾事业安全、科学、有效实施的重要科技支撑。目前，各国都有自己的技术规范和标准，有些欠发达国家没有研发技术标准的能力，选择借用他国标准。在共建国家进行防灾减灾技术标准的研发和各国标准的融通，构建防灾减灾的"统一语言体系"，能在很大程度上促进各国减灾技术的共享，降低减灾成本，提高减灾成效。同时，还可以提高我国在全球科技治理中的影响力和规则制定能力，增强中国标准在国际组织和区域组织中的影响力，巩固和提升我国国际标准的话语权。

（4）巨灾风险预测研究和社会韧性提升

共建国家跨越了地球圈层相互作用最活跃、内外动力耦合作用最强烈和全球气候变化最敏感的地区（崔鹏等，2014，2015），灾害形成演化机理非常复杂，科学认识、准确预测巨灾风险非常困难。应聚焦地球多圈层相互作用机制、气候变化的灾害效应、巨灾和多灾种复合链生灾害形成与致灾过程等前沿科学问题，通过科技合作汇聚优质科研资源，推动学科交叉融合，联合攻关，解决巨灾形成、演化、致灾的过程和机理，明确巨灾前兆信息，研发巨灾预测原理和方法，探索巨灾风险管理的体制和机制，提升防灾减灾科技支撑能力，增强社会应对巨灾的韧性，提高共建国家应对颠覆性、区域性巨灾风险的能力。

6.3.4 海洋生态安全领域

（1）近海环境保护与修复

近海生态系统作为连接陆地与海洋的过渡带，蕴含丰富的自然资源和多种生态系统，包括滨海湿地、红树林、海草床、珊瑚礁等。然而，受气候变化和人类活动的双重压力，近海生态系统服务功能退化严重，威胁"21世纪海上丝绸之路"沿线共建国家生产生活的可持续发展。应加强共建国家近海生态环境保护的合作研究，针对海洋垃圾、重金属等污染建立近海环境治理方案。选择典型的盐沼、红树林、海草床和珊瑚礁生态系统，研发一体化修护治理的科学方案，兼具生境恢复和资源养护的功能；建立滨海湿地生态环境监测网络，查明滨海湿地水-土-气-生物元素循环的时空演变与受控机制；依赖珊瑚有性繁殖方式发展起来的跨纬度移植、配子杂交、筛选抗逆性状基因进行可遗传繁育和"益生菌疗法"等现代修复技术，为筛选和培育能适应环境变化的强抗逆性和高恢复力的"超级珊瑚"提供了新的思路；针对人类活动导致的近海生态系统服务功能退化，构建近海环境保护与生态修复示范区，推进生态系统修复工程，建立不同类型近海生态系统的生态管理对策；从生态系统进化的角度，全面调查和评估互花米草等外来物种以及鱼-贝-藻多营养层次综合养殖等人为干涉的生态效应和生态系统服务功能，研发兼具生态与经济效益的近海生态系统修护模式，建立技术标准，为"21 世纪海上丝绸之路"沿线共建国家近海生态环境保护与修复提供中国方案。

（2）陆海统筹生态补偿模式

陆源营养盐大量输入近海，导致近海环境富营养化、引发赤潮等生态灾害。聚焦陆海统筹，合理减少农田含氮、磷等物质的化肥用量，降低河流营养盐浓度，缓解河口和近海富营养化。综合研究典型河口和近海生态系统对陆源污染入海排放的响应机制，解析河口和近海生态系统对多变环境的适应机制，以及对人类活动和气候变化响应的生态韧性，认知河口近海生态系统动态变化规律，阐明近海生态系统的富营养化演变过程及其主导因素。通过现场调查和生态模拟，研究陆源输入营养盐的动态行为、淡水 / 海水锋面生物地球化学过程。谋划建设陆海一体化的水化学生物监测网络和陆海联动减排模式，以大江大河为主线，结合本地实际情况因地制宜采取有效措施，量化生态补偿机制。通过制定有关的方法、技术、标准、规范，科学量化生态补偿机制，践行"绿水青山就是金山银山"理念，形成驱动经济与社会可持续发展的"国内大循环"新模式。

（3）海洋碳汇过程和负排放技术

我国是世界上少数几个同时拥有海草床、红树林、盐沼、海藻场生态系统的国家之一。2020 年，我国滨海湿地面积约为 670 万公顷，其中红树林（面积约为 289 千米^2）、滨海沼泽（面积为 1207～3434 千米^2）、滨海滩涂（面积为 5379～8588 千米^2）三大海岸带海洋碳汇生态系统分布广泛，资源种类多样（王法明等，2021）。中国海海岸线绵长，纵跨亚热带—温带—亚寒带的各类代表性生态环境，拥有全球最大的海水养殖业，包括大型藻类、贝类、海洋牧场等养殖体系，15 米等深线以内的浅海滩涂面积约为 1240 万公顷，具备发展海洋碳汇的先天自然条件（张继红等，2021）。同时，我国在海洋碳汇领域的研究总体处于并跑、部分领跑阶段，特别是在微生物海洋学研究领域，正在引领国际前沿。应联合共建国家共同研发微生物驱动的海洋增汇技术，特别是微型生物介导的有机无机联合增汇过程机制和技术研发；重点支持渔业碳汇扩增研发，关注多层次综合养殖增汇技术，在养殖区开展微生物介导的碳酸盐增汇试点研究；支持典型滨海湿地碳汇扩增体系建设，核算生态系统价值和评估生态系统服务功能。

（4）海洋碳汇评估方法与监测技术体系研发

海洋碳汇的评估方法和技术标准基本上是空白的，研发"中国特色"的海洋碳汇方法技术并纳入国际碳核算体系，对于支撑国家"碳中和"目标意义重大。我国是海水养殖大国，拥有藻类养殖、贝类养殖等传统养殖形式以及近年来迅速发展的海洋牧场（增殖放流、人工鱼礁）等重要的海洋经济形式，拥有值得深入研发的海洋碳汇资源。根据IPCC《气候变化中的海洋和冰冻圈特别报告》（SROCCC）的原则，利用生物泵和微型生物碳泵储碳原理，系统研究综合海水养殖区固碳储碳过程与机理、查明各个环节的碳足迹、建立有效的碳计量方法、形成技术规程。建设海水养殖负排放工程，基于环境承载力进行贝、藻、底栖生物等不投饵生物标准化混养，形成多层次立体化生态养殖格局。通过清洁能源（太阳能、风能、波浪能等）驱动人工上升流调节生态系统内部营养盐循环并促进增汇，变"污染源"为"增汇场"。

6.4 本章小结

6.4.1 技术层面政策建议

（1）建立系统的监测–研究–预警–服务平台

建立共建国家主要江湖源流域系统的监测–研究–预警–服务平台，长效支撑区域气候变化适应与生态环境保护。强化高新装备应用，形成规范化的地球系统多圈层链式响应地球系统综合观测与预警技术体系，并与已有站点观测研究和预警工作融合，构建地球系统综合观测研究与预警网络，从根本上揭示气候变化与"一带一路"生态环境的长周期演化规律；研发基于空–天–地观测与预警的生态环境变化与可持续发展模型，形成集大数据、云计算和人工智能技术的可视化展示系统，构建跨学科、跨领域的观测–分析–预警–决策–服务一体化大数据管理系统；推动一体化保护与系统治理示范工程体系在共建国家主要大江大河源区推广应用，服务应对气候变化、碳达峰与碳中和国家战略及川藏铁路、青藏高速等国家重大工程建设，探索高原自然–社会–经济协调发展新路径。

（2）加强生态环境治理技术合作与区域示范

加强多领域生态环境治理技术合作。针对共建国家节水、净水、土地退化防治、物种保护、生态系统修复、生态社区设计等具体生态环境治理需求，以"引进来、走出去"两种模式，以技术团队为单位，加强聚焦某一项生态环境具体问题的双边、多边技术合作。项目合作周期多样、技术团队规模不限、合作资金渠道多元，从而保障技术合作的灵活性，扩大合作范围。通过化整为零，以重点技术咨询与服务的形式开展合作，可以有效提高生态环境治理技术合作效率与成功率。

鼓励联合攻关开展生态环境治理区域示范。针对共建国家尤其是撒哈拉以南非洲、中亚、西亚和东南亚部分国家系统性的生态环境问题，以3~5年稳定资助的大型科技专项形式，集结生态环境专家队伍展开联合攻关。例如，针对旱区大河流域生态环境综合治理议题（傅伯杰等，2021），在科学理论上揭示旱区流域人水关系演变与耦合机理、明晰流域水-粮食-能源关联机制与协同优化路径，在科学方法上构建流域人地系统耦合大数据平台、研发流域人地系统耦合方法与模型模拟，开展流域人地系统统筹优化，为区域减贫、粮食安全、居民健康和可持续社区等提供决策支撑，从而在习近平生态文明思想引领下构建全链条的生态环境治理示范区。

（3）变革减灾救灾援外资金使用机制，构建减灾合作示范区

改革我国现有以资金救援、物资救助和抢险救援为主的国际减灾救援方式，在减灾救援中强化科技救灾的内容，显著提升我国减灾救援的科技含量、技术水平、社会影响力、当地人民的获得感、救援效果的持续影响、我国技术和产品的推广应用，建议明确科技援助占国家减灾救援资金的比例。

科技援助主要用于四个方面：①重大国际灾害派出中国专家组参与灾害评估与灾后重建规划，②援助建设灾害防治示范工程，③援助减灾防灾科技支撑能力建设（援建研究平台、援助中国国产科研仪器设备和监测预警装备、培养高级减灾技术和管理干部等），④共同编制减灾技术规范。可优先聚焦中巴经济走廊、中蒙俄经济走廊、中国-中南半岛经济走廊等灾害威胁严重的区域，开展试点减灾科技合作，建设自然灾害联防联控预警平台与空-天-地一体化灾害监测网络，推动实现多方参与的重大灾害风险防控协同联动机制。

（4）联合共建国家研发海洋碳汇方法、技术、规范和标准

联合共建国家科学家共同研发海洋微型生物碳汇、大型藻类碳汇计量标准，推出海洋碳汇资源（国际）标准计量方案。开展海洋碳汇潜力调查和评估测算，构建海洋碳汇数据共享服务平台。加快海洋碳汇核算机制研究，建立海洋碳指纹、碳足迹等相关操作规范和评价标准，构建与国际接轨的中国海洋碳汇标准体系和交易规则，推动建立海洋碳汇交易市场。设立海洋负排放科研示范基地，作为产学研政用联合协作平台，为科学-技术-应用-政策链条落地提供场所，成为对外开放、向国内外推广的窗口和渠道。我国纵跨从亚热带到亚寒带的各类代表性生态环境，具备建设海洋负排放国际示范基地的自然条件，尤其是拥有全球最大的海水养殖业，可望在正常生产的基础上进行不受国际海洋法限制的海洋负排放研发，并通过示范基地实现向共建国家推广"中国方案"的海洋碳汇方法、技术、规范和标准。

6.4.2 国际合作层面政策建议

（1）推动和培育国际大科学计划

一是推进 TPE 国际计划。进入 21 世纪以来，随着我国经济实力的提高和在国际上政治、科学地位的提升，我国研究第三极地区环境变化的实力不断提升，在国际第三极地区研究中正在发挥重要的引领作用。此外，我国科学家在过去几十年中对青藏高原进行了长期考察和观测，为我国主导该地区研究打下了基础。由我国科学家牵头，吸收国际上对该地区相关领域的研究，对已有的国际计划和项目进行整合、完善和提高，并把原来只在第三极地区主体部分，即青藏高原地区进行的科研工作扩展到整个第三极地区。推动和培育 TPE 国际计划，将深化第三极地区环境变化机制，增强我国在第三极科学研究中的国际影响力。需要进一步加强与世界气象组织、联合国环境规划署以及联合国教育、科学及文化组织等国际组织的合作，站稳科学制高点，主导第三极科学研究话语体系，拓展泛第三极研究，为高质量建设"一带一路"和全球生态环境保护服务。

二是推进全球干旱生态系统国际大科学计划。在中国科学院国际大科学计划培育专项的支持下，我国学者于 2017 年 8 月牵头发起全球干旱生态系统国际大科学计划（Global-DEP），研究领域分为旱区社会-生态系统动态变化与驱动机制、旱区社会-生态系统结构和功能变化、旱区生态系统服务和人类福祉、旱区可持续生计四个部分。目前，Global-DEP 的中国科学院国际大科学计划培育专项项目已经完成，在"全球土地计划"的支持下设立了特别工作组。有待在下一阶段通过纳入"一带一路"国际科学组织联盟，进一步引领"一带一路"干旱生态系统监测及人类与生态环境关系研究。

　　三是推进自然灾害风险与综合减灾国际大科学计划。科技是应对灾害、减轻风险、降低损失的首要手段。我国周边国家及大多数共建国家为欠发达国家，科技实力较弱，防灾减灾与可持续发展研究基础薄弱，难以支撑和保障绿色丝绸之路建设和民生安全。通过设立绿色丝绸之路防灾减灾大科学计划，联合共建国家科技人才攻关解决全球防灾减灾重大科技难题，引领国际减灾科技前沿。同时，开展防灾减灾国别研究，构建防灾减灾技术体系与适用于不同地区的模式，为不同发展水平下的自然灾害风险防控提供解决方案，保障区域发展与生命财产安全。大科学计划一方面突出自然科学与人文科学的融合，促进交叉学科研究；另一方面对接国家防灾减灾科技援外任务，探索、创新科技援外模式与关键技术，支撑国家软实力提升和人类命运共同体建设。组建以中国科学院、高等院校相关研究院所为核心团队的国际防灾减灾研究院（中心）和国际减灾学会作为定向实施主体，设置核心区域国际秘书处作为合作的协调机构与常态化的信息交换机制。研究院和学会鼓励国内科学家发起国际研究计划，吸引国际优秀科学家进行合作，尤其是面向共建国家培育青年人才，在促进科技进步的同时彰显中国的科技影响力。

　　四是推进"海洋负排放"（ONCE）国际大科学计划。瞄准气候变化下的碳中和需求这一国际科技合作切入点和突破口，深入实施"海上丝绸之路"科技创新支撑碳中和行动计划，为应对气候变化和减少温室气体排放提供一揽子中国海洋方案。支持拓展与国际组织合作，提高中国科学家在海洋碳汇等国际事务中的参与度和话语权，推动中国特色碳汇资源纳入《联合国气候变化框架公约》下的应对气候变化相关工作。加快推进实施我国发起的"海洋负排放"国际大科学计划，利用该平台推出中国领衔制定的海洋碳汇、负排放的监测、计量和核算体系，为全球治理提供中国方案。

（2）推进国际机构合作与建设

　　一是组建第三极环境国际科学组织。依托 TPE 国际计划，联合国内外优势科研机构，筹建第三极环境国际科学组织，以气候变化应对为聚焦点，开展科学研究-决策服务-应用示范为一体的综合集成，服务绿色丝绸之路建设。

　　二是组建"一带一路"生态文明建设与可持续发展研究机构。生态环境治理是达成联合国可持续发展目标、实现区域可持续发展的基础，而走向可持续发展是生态环境治理的最终目的。跨部门、跨流域甚至跨国的协作，是共建国家实现联合国可持续发展目标的必要手段。我国有必要以"一带一路"国际科学组织联盟为载体，筹建多国参与的"一带一路"可持续发展研究机构，整合科研团队与资源，从发展中国家视角找到适用于后疫情时代共建国家的可持续发展路径，为2030年联合国可持续发展目标在共建国家的本地化乃至2050年联合国可持续发展目标的区域远景展望，提供差异化、针对性的路线图，体现中国在绿色"一带一路"建设中的大国责任与担当。建议初期从海外生态文明建设或可持续发展示范区的角度，以2～3年的项目周期，对相应国家开展可持续发展路线图制定的联合科研攻关。远期可依托机构组织每年开展常态化的多边合作科研项目。

三是牵头组建国际防灾减灾研究中心和国际防灾减灾学会。牵头组建以中国科学院、高等院校相关研究院所为核心团队的国际防灾减灾研究中心和国际防灾减灾学会，建设防灾减灾国家重点实验室／国家创新技术中心，推动国际减灾网络与联盟建设，为国际减灾大科学计划实施提供支撑节点，形成国际减灾科技组织体系，促进全球防灾减灾能力的整体提升。国际减灾大科学计划针对各国面临的共性重大灾害威胁、重大防灾减灾挑战，遴选关键科学问题，进行重点攻关，实现防灾减灾领域科技的重点突破，促进防灾减灾科技发展。国际防灾减灾学会为全球防灾减灾科研人员提供学术交流平台，沟通、交流各国防灾减灾基础理论和防灾减灾技术，促进国际防灾减灾事业发展。

四是发挥我国科学家在主流国际科学组织中的主导作用。现有的主流国际地球环境科学组织（包括政府间科学组织和民间科学组织）是引领国际科学潮流、制定和推动国际大科学计划、促进国际合作交流的重要和关键平台。随着我国科学进步和综合国家实力的增强，发挥我国科学家在这些平台上的主导作用至关重要，我们应该鼓励和推荐我国科学家在国际组织中任职，尤其是年轻科学家和女性科学家在这些平台贡献中国智慧、提出中国方案、发出中国声音。

本章参考文献

崔鹏.2020.加强自然灾害风险研究，服务丝路安全绿色发展[J].科技导报，38（16）：1.

崔鹏，陈容，向灵芝，等.2014.气候变暖背景下青藏高原山地灾害及其风险分析[J].气候变化研究进展，10（2）：103-109.

崔鹏，苏凤环，邹强，等.2015.青藏高原山地灾害和气象灾害风险评估与减灾对策[J].科学通报，60（32）：3067-3077.

崔鹏, 邹强, 陈曦, 等. 2018. "一带一路"自然灾害风险与综合减灾[J]. 中国科学院院刊, 33 (Z2): 38-43.

傅伯杰, 王帅, 沈彦俊, 等. 2021. 黄河流域人地系统耦合机理与优化调控[J]. 中国科学基金, 35 (4): 504-509.

葛永刚, 崔鹏, 陈晓清. 2020. "一带一路"防灾减灾国际合作的战略思考[J]. 科技导报, 38 (16): 29-34.

宁瑶, 刘雅莉, 杜剑卿, 等. 2022. 黄河流域可持续发展评估及协同发展策略[J]. 生态学报, 42 (3): 990-1001.

牛春华, 许倩. 2021. 推动安全应急国际合作 助力"一带一路"高质量发展[J]. 中国应急管理, 9: 20-33.

世界银行. 2023. 储水是适应气候变化的核心. https://www.shihang.org/zh/news/feature/2023/02/03/water-storage-is-at-the-heart-of-climate-change-adaptation[2023-02-03].

王法明, 唐剑武, 叶思源, 等. 2021. 中国滨海湿地的蓝色碳汇功能及碳中和对策[J]. 中国科学院院刊, 36 (3): 241-251.

吴绍洪, 刘路路, 刘燕华, 等. 2018. "一带一路"陆域地理格局与环境变化风险[J]. 地理学报, 73 (7): 1214-1225.

张继红, 刘纪化, 张永雨, 等. 2021. 海水养殖践行"海洋负排放"的途径[J]. 中国科学院院刊, 36 (3): 252-258.

周波涛, 徐影, 韩振宇, 等. 2020. "一带一路"区域未来气候变化预估[J]. 大气科学学报, 43 (1): 255-264.

Andersson A, Kline D, Edmund, P, et al. 2015. Understanding ocean acidification impacts on organismal to ecological scales[J]. Oceanography, 28(2): 16-27.

Burrell A L, Evans J P, Kauwe M G. 2020. Anthropogenic climate change has driven over 5 million km^2 of drylands towards desertification[J]. Nature Communications, 11(1): 3853.

Diaz R, Rosenberg R. 2008. Spreading dead zones and consequences for marine ecosystems[J]. Science, 321(15): 926-929.

Ding Y, Mu C, Wu T, et al. 2021. Increasing cryospheric hazards in a warming climate[J]. Earth-Science Reviews, 213: 103500.

Fan X, Duan Q, Shen C, et al. 2022. Evaluation of historical CMIP6 model simulations and future projections of temperature over the Pan-Third Pole region[J]. Environmental

Science and Pollution Research, 29: 26214-26229.

Gao J, Yao T, Masson-Delmotte V, et al. 2019. Collapsing glaciers threaten Asia's water supplies[J]. Nature, 565: 19-21.

ICRI, GCRMN, Australia Institute of Marine Science, et al. 2020. Status of Coral Reefs of the World 2020[EB/OL]. https://www.unep.org/resources/status-coral-reefs-world-2020[2023-06-01].

Immerzeel W W, Lutz A F, Andrade M, et al. 2020. Importance and vulnerability of the world's water towers[J]. Nature, 577: 364-369.

IPCC. 2021. Climate Change 2021: The Physical Science Basis. Contribution of Working Group I to the Sixth Assessment Report of the Intergovernmental Panel on Climate Change[M] Cambridge: Cambridge University Press.

Liu Z, Duan Q, Fan X, et al. 2022. Bayesian retro- and prospective assessment of CMIP6 climatology in Pan Third Pole region[J]. Climate Dynamics, 60: 767-784.

Lutz A F, Immerzeel W W, Siderius C, et al. 2022. South Asian agriculture increasingly dependent on meltwater and groundwater[J]. Nature Climate Change, 12: 566-573.

Newbold T, Hudson L N, Hill S, et al. 2015. Global effects of land use on local terrestrial biodiversity[J]. Nature, 520: 45-50.

Piao S, He Y, Wang X, et al. 2022. Estimation of China's terrestrial ecosystem carbon sink: methods, progress and prospects[J]. Science China Earth Sciences, 65: 641-651.

Putnam H M, Barott K L, Ainsworth T D, et al. 2017. The vulnerability and resilience of reef-building corals[J]. Current Biology, 27: R528-R540.

Robert J N, Frank M J H, Marcel M. 1999. Increasing flood risk and wetland losses due to global sea-level rise: regional and global analyses[J]. Global Environmental Change, 9: S69-S87.

Sampaio E, Santos C, Rosa I C, et al. 2021. Impacts of hypoxic events surpass those of future ocean warming and acidification[J]. Nature Ecology & Evolution, 5: 311-321.

Shi H, Tian H, Stefan L, et al. 2021. Terrestrial biodiversity threatened by increasing global aridity velocity under high-level warming[J]. Proceedings of the National Academy of Sciences of the United States of America, 118(36):e2015552118.

Strokal M, Yang H, Zhang Y, et al. 2014. Increasing eutrophication in the coastal seas of China from 1970 to 2050[J]. Marine Pollution Bulletin, 85:123-140.

United Nations Environment Programme. 2022. A Scientific Assessment of the Third Pole Environment[R]. https://lib.icimod.org/record/35805[2023-06-01].

Wang B, Xin M, Wei Q, et al. 2018. A historical overview of coastal eutrophication in the China seas[J]. Marine Pollution Bulletin, 136: 394-400.

Wang L, Yao T, Chai C H, et al. 2021. TP-River: monitoring and quantifying total river runoff from the Third Pole[J]. Bulletin of the American Meteorological Society, 102(5): E948-E965.

Wang T, Zhao Y, Xu C, et al. 2021. Atmospheric dynamic constraints on Tibetan Plateau freshwater under Paris climate targets[J]. Nature Climate Change, 11: 219-225.

Yao T, Bolch T, Chen D, et al. 2022. The imbalance of the Asian water tower[J]. Nature Review Earth & Environment, 3: 618-632.

Yao T, Thompson L G, Mosbrugger V, et al. 2012. Third Pole Environment (TPE) [J]. Environmental Development, 3: 52-64.

Yao T, Xue Y, Chen D, et al. 2019. Recent Third Pole's rapid warming accompanies cryospheric melt and water cycle intensification and interactions between monsoon and environment: multidisciplinary approach with observations, modeling, and analysis[J]. Bulletin of the American Meteorological Society, 100: 423-444.

第 7 章

数字丝绸之路建设

数字丝绸之路建设能够推动共建国家的可持续发展，有助于提升中国技术、标准、规则和数字基础设施等在国际信息技术生态系统的地位，进而成为推动中国发挥全球影响力的重要渠道。本章将分析数字丝绸之路建设的现状与面临的主要挑战，提出数字丝绸之路建设的发展方向与重点科技合作工作，并提出相关政策建议。

7.1 数字丝绸之路建设的现状与问题

7.1.1 共建国家数字化合作与创新的现状

当前，共建国家的数字化合作与创新发展势头良好，跨境电商规模越来越大、数字前沿科技创新能力有较大突破、数字化机制标准正逐步完善、数字化能力建设逐步受到重视。

（1）数字基础设施发展势头良好

《"一带一路"国家基础设施发展指数报告2021》显示，2021年共建国家的基础设施发展指数止跌回升，各国相继出台的经济刺激政策为处于近10年来低谷中的共建国家基础设施发展带来希望（中国对外承包工程商会和中国出口信用保险公司，2021）。总体说来，共建国家的数字基础设施发展势头良好。东南亚地区青年人口多，网民基础较好，对新生事物的接受度较高。淡马锡、贝恩和谷歌联合发布的《2022年东南亚互联网经济报告》指出，2025年东南亚的数字经济成交总额将达到3300亿美元，复合年均增长率预计20%（Baijal et al.，2022）。可见，东南亚地区在互联网使用上有充足的发展空间。非洲联盟于2015年通过的《2063年议程》指出，非洲地区未来的宽带连接率须增长20%，其启动的"硅谷网络"计划已经建立大约200个技术创新中心、3500个相关企业，投入约10亿美元的创业基金。除此之外，以色列、阿联酋等国家在数字基础设施等方面也显示出了巨大的发展潜力，增长速度明显超过发达国家（彭德雷和郑琏，2020；周辋，2021）。

当前，我国已有北京、上海、广州、昆明、南宁、乌鲁木齐、福州、哈尔滨等多个城市获批设立国际通信业务出入口局，联通中国与东南亚、中亚、南亚等多个区域的大容量光缆，中国与邻国之间的国际语音和数据通信对接网络初现雏形。2021 年发布的《东盟数字总体规划 2025》为中国与东盟更好开展数字合作提供了重要基础。在非洲，华为、中兴通讯和中国电信等公司正在推动非洲大部分核心信息技术（IT）基础设施建设并提供各种数字设备。例如，非洲首个 5G 独立商用网络由中兴通讯与南非本土运营商合作建成，中国手机品牌 Tecno 是非洲市场的主流品牌之一，其相机拍摄效果良好、电池寿命长，切合非洲市场需求。在中亚，从中国上海到德国途经中亚等 20 多个国家或地区的亚欧陆地光缆已经开通，成立了面向中亚、西亚的乌鲁木齐区域性国际通信业务出入口局，中国电信、中国联通和中国移动参与建设了中国-中亚光缆对接。这些都大幅提高了中国通往中亚、西亚乃至欧洲的数据通信能力和速度，改善了中国电信国际通信出入口的分布格局，有效提升了中国与中亚国家跨境通信网络质量与网络安全（彭德雷和郑琏，2020）。

（2）跨境电商规模越来越大

随着"一带一路"建设的逐渐推进，共建国家的跨境电商市场与规模越来越大，市场领域不断扩展，交易模式逐渐多样化。跨境电商新业态对全球流通和消费格局产生了深刻影响，贸易数字化正在重塑全球贸易模式与格局。新冠疫情期间，跨境电商推动了中国国际贸易发展、促进了中小微企业发展，并推进了共建国家的电商发展。从产品需求与消费结构分析，民间商贸日益活跃，随着对中国商品、中国电商平台的了解日益加深，海外消费者网购中国商品的品类越来越丰富。目前，出口跨境电商是我国当前主体，但进口电商占比不断提高。京东大数据显示，我国通过电商平台将各类商品销往波兰、埃及、俄罗斯、乌克兰、泰国、新加坡等超过 54 个共建国家；同时，我国也通过跨境电商平台吸收了来自超过 50 个共建国家的商品（京东数据研究院，2017）。跨境电商的发展促进了各个国家和地区之间的民间贸易往来，同时也进一步促进了区域间的经济、文化和科技交流，形成实现共同繁荣的交流支点。阿里巴巴提出的世界电子贸易平台（eWTP）倡议已在马来西亚等共建国家落地，推动了全球贸易投资的自由化与便利化；阿里巴巴旗下面向国际市场的跨境电商平台速卖通每月访问的消费者超过 2 亿人次，几乎服务于全部共建国家。目前，跨境电商已经成为我国外贸创新驱动发展的重要引擎，也是我国外贸增长的重要动力（于燕，2019）。

我国与共建国家建立了多个贸易畅通工作组和双边投资工作组，使国家间的合作机制日益完善，沟通渠道更加丰富。这些都为跨境电商企业的发展提供了良好的市场环境（张艳霞等，2022）。我国的政策红利也为跨境电商的发展提供了良好的条件。2015年以来，我国连续八年在《政府工作报告》中提出要促进跨境电商等新业态的发展；2022年我国《政府工作报告》提到，要"加快发展外贸新业态新模式，充分发挥跨境电商作用，支持建设一批海外仓"，"积极扩大优质产品和服务进口"（李克强，2022）。此外，我国商务部、海关总署、国家外汇管理局、财政部、国家市场监督管理总局等部门分别从通关、物流、退税、支付体系建设等方面出台了促进跨境电商发展的相关优惠政策（张艳霞等，2022）。

（3）数字化科技创新能力有较大突破

近些年，随着科学技术突飞猛进，共建国家在数字科技创新能力方面有较大提升，在大数据、5G技术、区块链、人工智能、云计算、工业互联网等多方面取得了一定成就（姜峰和蓝庆新，2021）。在大数据方面，以地球大数据为例的科学工程项目为共建国家气候变化、土地退化、粮食安全生产、数字经济等研究注入了新的活力（Guo，2018；Bian et al.，2020），对克服"一带一路"城市可持续发展研究中传统数据的不足发挥了重要作用（Guo，2018，2020；郭华东，2020，2021）。在5G技术方面，共建国家都在不断加强对于5G频率资源的探究，以提高资源的利用效率为目标来优化频率资源的应用，积极推进5G通信技术的发展，让电信设备朝着小型化、虚拟化、分布化的方向发展（World Internet Conference，2021）。在区块链方面，共建国家区块链行业正高速发展，应用领域越来越广（Zhao，2021）。在人工智能方面，许多共建国家正深入落实创新驱动发展战略，加快推动科技与经济深度融合、创新链与产业链协同布局、科技成果转化和应用体系建设，促进更多人工智能领域优质资源和创新要素聚集，不断推动人工智能产业发展迈出新步伐。在云计算方面，不少共建国家及相关企业正顺应时代的发展逐步转向大数据互联网领域，包括道路车流拥堵情况、路面车辆运行状况等交通方面的大数据云计算应用。在工业互联网方面，其集成应用已经广泛渗透到许多共建国家国民经济的重点领域，形成了平台化设计、智能制造、网络协同、个性化定制、服务化拓展、数字化技术六大新模式（何诗霏，2023）。

（4）数字化机制标准正逐步完善

当前，跨境数据流动的全球治理呈现两个发展趋势，一是规制多极化和规制标准的俱乐部化，二是美欧将继续争夺跨境数据流动规制的主导权（刘宏松等，2020）。目前，各个国家都在逐步完善各自跨境数据流动方面的法律法规，并积极与其他国家开展跨境数据流动治理协调。例如，2018 年 5 月欧盟正式实施《通用数据保护条例》（EU，2021），俄罗斯出台了《主权互联网法案》，阿联酋颁布了《迪拜国际金融中心数据保护法》，阿根廷出台了《个人数据保护法》，南非也针对数据保护制定了《个人信息保护法》。截至 2019 年底，全球共有 142 个国家对数据隐私进行立法（齐湘泉等，2019），可见跨境数据流动的全球治理正在显现出规制多极化的发展趋势。

我国积极参与联合国、G20、金砖国家、亚太经济合作组织（APEC）、世界贸易组织（WTO）等多边机制数字领域国际规则制定，倡导发起《二十国集团数字经济发展与合作倡议》《"一带一路"数字经济国际合作倡议》《携手构建网络空间命运共同体行动倡议》等，积极为全球数字经济发展和网络空间治理贡献中国方案。2020 年，我国提出的《全球数据安全倡议》强调，各方应在相互尊重的基础上，加强沟通交流，深化对话与合作，共同构建和平、安全、开放、合作、有序的网络空间命运共同体[①]。同时，我国积极在国际新信息技术标准制定中贡献力量。在 5G 方面，3GPP 系标准成为唯一被国际电信联盟（ITU）认可的 5G 标准；在区块链方面，积极参与国际标准化组织（ISO）《区块链和分布式记账技术参考架构》和 ITU 分布式账本系统需求、分布式账本技术平台的评测准则和分布式账本技术的参考框架等标准制定。

（5）数字化能力建设逐步受到重视

中亚各国相继开展数字化能力建设，相继出台规划与构想，包括建立风险基金和技术园区、加强数字发展领域的国际合作、倡导利用伙伴国数字经济发展战略参与共建数字丝绸之路等。其中，哈萨克斯坦的数字化能力建设起步最早、发展最快，乌兹别克斯坦和吉尔吉斯斯坦次之，塔吉克斯坦和土库曼斯坦发展最慢（王海燕，2020a，2020b）。非洲地区的数字创新中心显著增加。截至 2021 年 4 月，在非洲的 93 个城市有 400 多个数字中心开放，其中近两年新增枢纽 130 多个；500 多家非洲公司在金融服务领域提供技术创新，超过 640 个技术中心和孵化器活跃在整个非洲大陆（夏福渭，2021）。非洲联盟于 2015 年通过《2063 议程》，2020 年 5 月出台了《非洲数字转型战略》，意图协调各国政策，制定统一框架，促进非洲国家间网络互联，建立统一的数字市场（黄梅波和段秋韵，2021；夏福渭，2021；李康平和段威，2021）。中国的数字化能力建设表现势头良好，并为共建国家输出多种数字化技能的培养机制与数字化服务，实施了一系列数字能力建设的对外援助项目，为推动数字化和缩小全球数字鸿沟做出

---

① 全球数据安全倡议（全文）[EB/OL]. http://www.gov.cn/xinwen/2020-09/08/content_5541579.htm[2020-09-08].

了积极贡献。

7.1.2　共建国家数字化合作与创新面临的问题

当前，共建国家数字化领域科技合作与创新面临的主要问题包括以下几方面。

（1）数字化基础设施合作与创新面临地方基础滞后和相关政策制约

大部分共建国家的数字基础设施水平较低，相关产业发展落后，缺乏相关的技术人才，进而导致部分共建国家难以跟上世界数字经济的发展步伐。虽然世界各国的信息与通信技术（ICT）使用率不断提升，但各国差距巨大，部分共建国家的数字基础设施普及率亟待提升。根据国际电信联盟数据，纳入统计的 58 个共建国家的固定宽带普及率普遍较低，其平均普及率为 15.52%，固定电话平均普及率为 16.95%（ITU，2022；宋河发，2021）。同时，共建国家数字基础设施合作与创新还受到本地互联网规制政策的约束。例如，俄罗斯加强了对数据跨境流动的管理，确立了数据本地化存储规则，这些本地化规制措施将在一定程度上限制数字基础设施的合作与创新。此外，大部分共建国家对内缺乏完整的数字基础设施建设的协调机制，国内的电信运营商各自为营抢占市场份额，造成不少数字基础设施重复建设和资源浪费。

另外，中国与共建国家的数字基础设施合作与创新面临地区地缘政治冲突等诸多安全威胁。《2022 年全球恐怖主义指数》报告显示，2021 年受恐怖主义影响最严重的 10 个国家分别为阿富汗、伊拉克、索马里、布基纳法索、叙利亚、尼日利亚、马里、尼日尔、缅甸和巴基斯坦（IEP，2022），均为共建国家。中东是全球安全问题最突出的地区之一，中东地区地缘政治博弈增加了数字化基础设施合作的难度，导致资本、人才、技术等难以大规模进入该地区。

（2）跨境电商合作与创新受国际环境影响较大

物流是跨境电商发展的重要环节，由于涉及跨境运输，要保证客户收到产品的时效性，就会导致产品成本增加。时效性和产品成本之间的权衡，对于跨境电商企业来说成为一个巨大的挑战。当前，受新冠疫情、俄乌冲突和全球通胀影响，跨境物流和海外仓建设受到很大冲击，影响跨境电商的发展与合作。此外，多个共建国家对跨境电商的数字贸易税收等政策仍存在不确定性，如一些东盟国家是否会放弃数字税或开征其他类型的数字税仍面临不确定性。2022 年 6 月，世界贸易组织第 12 届部长级会议（MC12）最终就延长"跨境电商"的关税豁免期限达成一致；但以印度、印度尼西亚、南非为代表的发展中国家提出，长时期关税豁免的受益者是数字经济领先的发达经济体和大型跨国数字平台，发展中经济体损失了每年或达数十亿美元的关税收益。另外，数字鸿沟持续导致中国与共建国家跨境电商的合作呈现不均衡性。中国数字经济规模大，但是从区域分布看发展不均衡，数字经济竞争力较高的城市集中于东部和南方地区。东盟内部各经济体的人均收入和经济数字化的程度差异均较大。截至 2021 年 6 月，文莱、新加坡、马来西亚、泰国、菲律宾的互联网渗透率已经较高，均超过 80%，但是老挝、缅甸的渗透率仅在 52% 左右，数字能力较弱的国家和地区跨境电商新业态的发展空间受到数字基础设施和人力资源的显著限制（曹莉和王乾筝，2022）。

（3）数字前沿科技普遍缺乏自主核心技术

在数字前沿科技方面，除中国、韩国、新加坡等国在人工智能、5G 方面掌握部分核心技术外，共建国家普遍缺乏自主核心技术，大部分国家在数字化领域的发展主要依靠全球科技品牌在当地的本土化推广应用。第一，前沿科技的产业支撑能力不足。虽然共建国家在数字前沿科技方面取得了一定成效，但由于各种原因，其核心技术、关键技术受制于人的局面没有根本改变，产业处于中低端的格局也比较突出（姜峰和蓝庆新，2021）。在工业互联网方面，与发达国家相比，共建国家存在很大差距，主要表现在其工业互联网产业支撑不足，核心技术不强、综合能力不强，体系尚不完善，数字化和网络化水平低，人才支撑和安全保障不足，缺乏龙头企业的引导等。第二，数字前沿科技发展水平很不均衡。共建国家面临着创新资源分配不均、创新成果转化不足、创新生态系统构建不完善和创新体制机制不够优化等发展困境，制约着区域科技创新效率的总体提升，也在一定程度上影响共建国家科技合作的深化发展。第三，数字前沿科技合作主体单一。当前主要是各大院校和科研院所，企业尚未成为民间国际科技合作的主要参与者，缺乏国际数字科技合作经费支持和有效的政策引导，导致我国企业的国际化研发水平较低，参与合作人员的主观能动性更无法发挥。

（4）数字化机制标准话语权较弱

在数字化互联互通机制标准方面，以美国为首的欧美国家担忧中国在全球范围内推广"中国标准"，越发重视将国际规则和标准作为制衡工具。美欧数字规则核心与中国核心的差异可能成为数字丝绸之路建设的重要挑战。数字丝绸之路共建国家尚未建立数字空间治理的专门机构，并且部分国家互联网普及率处于较低水平，使得数字产业发展成本较高，无法有效形成相互合作、彼此包容的"一带一路"数字领域协同治理格局（姜峰和蓝庆新，2021）。各国的网络合规、信息安全的标准不同，这在一定程度上阻碍了共建国家的数字合作。例如，不同国家数字标准的不同给在东南亚、非洲等地参与的地铁、高铁等工程通信系统项目建设带来了种种麻烦。各国跨境支付、数据流动等多个方面的法律和标准存在明显差异，规则对接和协商的效率也比较低下，这对国家间的数字经济合作造成一定程度的阻碍。同时，大部分共建国家的知识产权竞争力不强，知识产权保护水平总体较低（宋河发，2021）。目前，共建国家已经形成并正在发挥作用的区域性知识产权组织主要是东盟知识产权合作组织、欧亚专利组织和欧洲专利组织（宋河发，2021）。为此，共建国家一直致力于参与制定统一的国际数字规则。中国就建设性参与同金砖国家、APEC、WTO 等多边机制数字领域国际规则制定，倡导发起《"一带一路"数字经济国际合作倡议》和《全球数据安全倡议》。截至 2021 年底，中国已与 17 个国家签署了"数字丝绸之路"合作谅解备忘录，与 23 个国家建立"丝路电商"双边合作机制（国家互联网信息办公室，2022）。

（5）数字化能力建设发展不均衡、资源流动不对称

共建国家总体数字化能力空间分布不均衡、创新资源流动不对称、缺乏推动区域合作的系统体制机制（吴玉杰和孙兰，2020），制约了合作的深度与广度。共建国家的数字化创新能力存在较大差异。中亚、南亚和非洲国家数字化能力建设普遍滞后，非洲地区数字市场严重不平等，中亚地区数字投资环境复杂。我国数字化能力建设处于中上游水平，相比发达国家仍有一定差距，一方面表现在数字化发展速度快，但不同地区间差异显著；另一方面是数字化能力存在结构性失衡，如数字文化产业能力建设发展相对较慢。共建国家创新资源流动性呈现不对称，资源由不发达地区或国家流入发达国家或地区较多，反向较少，尤其是在人才和技术的资源流动上表现得尤为突出（成雪岩，2016）。大部分共建国家数字创新教育体系不完善、能力欠缺、实践不足，数字创新教育和激励机制有待进一步健全。此外，尽管共建国家数字化基本能力差距在缩小，但数字化运用能力方面的差异却在扩大，数字能力建设的国际发展合作具有多层次需求，急需数字技能分享、经验共享、数字培训、搭建伙伴关系等多种形式的国际发展与合作。

7.2 数字丝绸之路建设的发展方向与重点科技合作任务

7.2.1 发展方向

基于共建国家数字丝绸之路建设及科技合作与创新的现状与问题，未来数字丝绸之路科技合作与创新的主要方向包括以下五个方面。一是推动以信息化为导向的新型数字基础设施合作建设，加强信息化、数字化经济合作，实现网络设施和通信技术的互联互通。二是强化跨境电商的独立站点建设，提高效率，注重品牌建设与合作，通过品牌溢价来提升产品价值。三是推动战略性工业互联网合作，推动数据中心的建设，主动"上云""上链"，加强人工智能基础研究和前沿技术研究的科技合作。四是推动数字化机制标准方面的合作与创新，制定符合共建国家国情的科技伦理和价值准则，完善工业大数据共享机制，建设好数字知识产权服务平台。五是多渠道开展新型数字化能力建设的合作，不断适应前沿技术发展，加强前沿科技攻关与成果共享，带动共建国家全面发展。

7.2.2 重点科技合作任务

（1）构建新型数字基础设施，合作推进新型数字基础设施互联互通

在未来的发展中，中国应稳步拓展新型数字基础设施合作领域，以新型数字基础设施为基础搭建互联互通合作平台。加强对共建国家新型数字基础设施建设的帮扶，强化在数字领域的合作，构建数字合作新格局。加强前瞻性、引导性的技术研发和创新，同时加强与传统基础设施的衔接，进一步强化新型基础设施建设。基于中国企业在数字基础设施的技术和管理优势，重点围绕跨境电商、通信网络等领域，加快5G、云计算、数据中心等技术相关的数字基础设施技术合作。

（2）提升跨境电商智慧化水平，推动跨境电商标准化、品牌化发展

跨境电商相关重点科技合作任务应着眼于以下几个方面。①跨境物流体系的智慧化科技攻关。实现跨境网购全过程的电子化、高效化，与共建国家合作推进跨境物流业服务水平。②跨境电商的信用评价机制建设。重点应研究如何围绕规则和标准建立跨境电商的争议解决机制，包括跨境电商平台信用等级制度、网络评价制度等执行方式，推进信用体系、知识产权、市场准入、交易纠纷处理等各国间合作的标准建设。③跨境电商的品牌化塑造。跨境电商正处于多元竞争转向品牌之争的关口。未来，跨境电商将会发展为建立与客户的直接对话，而品牌化塑造才是赢得市场的核心。④跨境电商人才培养。跨境电商的人才培养模式需要重新定位，应着重定位于精通商务专业知识、具有跨境电商工作经验的人才培养，能够解决企业中发生的实际问题。通过跨境电商企业与部门联合，建立实训基地，共同助力跨境电商人才培养（章秀琴和黄伶俐，2022）。

（3）深化数字化前沿科技沟通，推动数字化创新突破与深度合作

在数字化前沿科技合作方面，我国与共建国家应携手解决产业的数字化难题，以数字化赋能企业创新创造，共同促进经济复苏，构建具有包容性、可持续的数字经济与全球贸易新生态。推动数字科技与数字经济向着更加开放、更加包容的方向发展，让数字科技与数字经济造福共建国家人民。我国应继续加强与共建国家在数字化科技前沿领域的合作，推动大数据、云计算、智慧城市建设相关科技攻关与创新突破。通过促进数字科技与产业、科技与金融的深度融合，培育新产业、新业态、新模式，推动创新资源转移和科技成果产业化应用。数字化企业通过创新线上"云"端模式，可有效赋能共建国家的数字科技合作。

（4）建设数字知识产权服务平台，探索建立共建国家合作创新治理新机制

我国应与共建国家共同建立数字合作机制，打造"知识产权共同体"，开展数据跨境流动的相关标准机制研究，探索标准更开放、更共享、更智能的"开源"模式（刘曦泽等，2021）。通过建设数字知识产权服务平台，加快知识产权推广运用，使其他国家和中国市场加强联系，通过"一带一路"知识产权共同体来共同获益。此外，通过充分利用亚太经济合作组织框架下的规则体系，与欧盟进行《通用数据保护条例》的协调，完善大数据开放共享标准体系建设，与共建国家合作探索制定跨境数据流动认证标准，进而形成合作创新治理新机制。

（5）多渠道开展数字化能力建设科技合作，提高共建国家的数字化能力建设水平

在数字化能力建设方面，我国应与共建国家多渠道开展新型数字化能力建设合作，以科技创新为抓手，重点提升数字科技前沿技术能力，实现数据与技术共享。应构建多方联动的政企合作方式，重点放在共建国家的利益诉求以及共建国家的科技能力发展需求上，切实基于互利共赢原则构筑合作体系，解决科技能力建设中的技术问题。

7.3　本章小结

（1）统筹布局谋划我国与共建国家新型数字基础设施互联互通

建议我国提升与共建国家的互联互通能力，努力实现不经过第三方中转的新型数字丝绸之路互联互通，制定中长期发展规划，统筹布局我国与共建国家互联互通的海上及陆上光缆设计，增加我国出口带宽及数据直连。帮扶数字基础设施落后国家，提高相关国家的互联网普及率，推动其跨越"数字鸿沟"、实现互利共赢，帮助更多共建国家抓住数字经济机遇。

（2）改善通关环境与效率，合作共建跨境电商大平台

建议进一步加强与共建国家在海关监管互认、信息交换、经认证的经营者互认、执法互助等领域的合作，形成共建国家区域通关一体化格局。研究使跨境电商更加便利化、低成本化及高效率化的合作体系，根据和不同国家或地区的合作重点，设计不同的跨境电商物流信息平台发展模式。通过各方面的合作和共同努力，建立一个跨境电商物流信息大平台，为"一带一路"跨境电商服务共建国家提供助力。

（3）携手打造多元模式，搭建与共建国家数字化科技创新合作桥梁

建议加快设立"一带一路"数字科技创新合作专项资金，支持我国与共建国家的各类数字化科技合作，积极采取多元模式推动数字科技项目合作，具体包括规划咨询、专家指导、合作共建、企业招商等，并积极争取与多领域国际标准化组织进行数字科技合作。推动高新企业成为数字科技合作的主体，加大鼓励和支持有优势的数字科技型企业在境外设立研究开发机构，提供优惠政策。鼓励高新企业通过"走出去"，充分利用全球数字科技资源，通过先进数字技术引进或联合开发等方式，加大对数字前沿科技成果的合作转化与深度开发。此外，通过国家政策性金融、外汇、保险机构制定相关政策，对数字科技型企业参与共建国家科技合作项目给予配套资金支持，并通过优惠贷款等金融支持，推动我国数字科技型企业出口高新技术产品，鼓励其在共建国家开展数字前沿科技合作项目。

（4）建设数字知识产权服务平台，与共建国家合作打造"知识产权共同体"

建议与共建国家共同合作加强执法力度，打击假冒侵权等不法行为，加强知识产权在国外的登记确权，加强对国外知识产权保护法律法规和市场规则的了解、掌握和运用。建议在"一带一路"的相关规划对接、项目推进、产品和服务贸易中，加强以专利为代表的知识产权比重，通过投资、贸易和项目，促进专利技术、专利产品和知识产权在共建国家推广。建议积极探索建立共建国家合作创新治理机制，与共建国家合作打造"知识产权共同体"。

（5）构建多层次的数字化培训体系，提高企业参与积极性

建议鼓励我国科技公司在共建国家设立数字海外办学机构和职业培训基地，为相关企业提供信贷优惠、税收减免等优惠措施，提高企业参与数字化能力建设的积极性，形成以中国企业为主导的区域产业链，带动共建国家企业参与国际分工与区域能力建设。放宽共建国家在中国开展相关行业市场准入的执业限制，积极引导中国科研机构与共建国家联合开展核心技术攻关、创新研发和技术合作等，建立政策性和资金性的共研、共享数字技术合作体系。

本章参考文献

曹莉，王乾筝. 2022. 中国-东盟跨境电商合作：机遇与挑战[J]. 中国远洋海运，（9）：56-58，10.

成雪岩. 2016. "一带一路"国际化背景下高等教育创新人才培养的路径[J]. 教育理论与实践，36：9-11.

郭华东. 2020. 地球大数据支撑可持续发展目标报告（2019）：一带一路篇[M]. 北京：科学出版社.

郭华东. 2021. 地球大数据支撑可持续发展目标报告（2020）：一带一路篇[M]. 北京：科学出版社.

国家发展和改革委员会，外交部，商务部. 2015. 推动共建丝绸之路经济带和21世纪海上丝绸之路的愿景与行动[EB/OL]. https://www.ndrc.gov.cn/xwdt/xwfb/201503/t20150328_956036.html?code=&state=123[2022-05-16].

国家互联网信息办公室. 2022. 数字中国发展报告（2021年）[R].

何诗霏. 2023. "一带一路＋互联网"，中国中亚打造数字丝路[N]. 国际商报. DOI：10.28270/n.cnki.ngjsb.2023.000916.

姜峰，蓝庆新. 2021. 数字"一带一路"建设的机遇、挑战及路径研究[J]. 当代经济管理，43：1-6.

京东数据研究院. 2017. 2017"一带一路"跨境电商消费趋势报告[R]. 北京.

李康平，段威. 2021. 非洲数字经济发展态势与中非数字经济合作路径探析[J]. 当代世界，3：73-79.

李克强. 2022. 政府工作报告——2022年3月5日在第十三届全国人民代表大会第五次会议上[EB/OL]. https://www.gov.cn/gongbao/content/2022/content_5679681.htm[2022-05-16]

刘宏松，程海烨，Cheng H. 2020. 跨境数据流动的全球治理——进展、趋势与中国路径[J]. 国际展望，12：65-88，148-149.

刘曦泽，王益谊，杜晓燕，等. 2021. 标准数字化发展现状及趋势研究[J]. 中国工程科学，23：147-154.

彭德雷，郑琏. 2020. "一带一路"数字基础设施投资：困境与实施[J]. 兰州学刊，（7）：98-111.

齐湘泉，文媛怡，Wen Y. 2019. 构建"一带一路"个人数据跨境传输法律制度：分歧、共识与合作路径[J]. 河南师范大学学报（哲学社会科学版），46：71-80.

宋河发. 2021. "一带一路"沿线国家知识产权制度状况与对策建议[EB/OL]. http://www.sziprs.org.cn/attachment/0/37/37793/713111.pdf[2022-05-16].

王海燕. 2020a. 中国与中亚国家共建数字丝绸之路：基础、挑战与路径[J]. 国际问题研究，2：107-136.

王海燕. 2020b. 中国如何与中亚国家共建数字丝绸之路？[J]. 一带一路，9：54-67.

吴玉杰，孙兰. 2020. "一带一路"科技创新共同体建设的合作模式与路径研究[J]. 天津科技，47：5-12.

夏福渭. 2021. "数字丝绸之路"与中非数字经济合作研究[D]. 北京：北京外国语大学.

黄梅波，段秋韵. 2021. "数字丝路"背景下的中非电子商务合作[J]. 西亚非洲，1：48-72.

新华网. 2021. 携手共建绿色一带一路[EB/OL]. http://www.xinhuanet.com/politics/2021-01/20/c_1127003119.htm[2022-05-16].

于燕. 2019. 跨境电商经营管理的创新及优化[J]. 企业改革与管理，（2）：56-57.

张艳霞，赵淑梅，杨雪. 2022. "一带一路"背景下推动我国跨境电商企业发展的策略研究[J]. 企业改革与管理，（8）：48-50.

章秀琴，黄伶俐. 2022. 新型数字基础设施是否促进对外贸易发展？——基于"一带一路"贸易视角的中介模型分析[J]. 西华大学学报（哲学社会科学版），41：16-28.

中国对外承包工程商会，中国出口信用保险公司. 2021. "一带一路"国家基础设施发展指数报告2021[R].

周辑. 2021. 中东地区数字经济加速发展（国际视点）[EB/OL]. http://world.people.com.cn/n1/2021/0114/c1002-31998978.html[2021-01-14].

Baijal A, Hoppe F, Chang W, et al. 2022. e-Conomy SEA 2022：Through the Waves, Towards a Sea of Opportunity[R].

Bian J, Li A, Lei G, et al. 2020. Global high-resolution mountain green cover index mapping based on Landsat images and Google Earth Engine - ScienceDirect[J]. ISPRS Journal of Photogrammetry and Remote Sensing, 162：63-76.

EU. 2021. General Data Protection Regulation[EB/OL]. https://gdpr-info.eu/ [2021-12-03].

Guo H D. 2018. Steps to the digital Silk Road[J]. Nature, 554：25-27.

Guo H D. 2020. Big Earth Data in Support of the Sustainable Development Goals（2020）[M]. Beijing：Science Pressand EDP Sciences.

IEP. 2022. Global Terrorism Index 2022[EB/OL]. https://www.visionofhumanity.org/wp-content/uploads/2022/03/GTI-2022-web-04112022.pdf[2022-05-16].

ITU. 2022. Data and analytics：taking the pulse of the information society[EB/OL]. https://www.itu.int/itu-d/sites/statistics/[2022-05-16].

World Internet Conference. 2021. Initiative on Jointly Building a Community With a Shared Future in Cyberspace[EB/OL]. https://www.wuzhenwic.org/2021-10/13/c_564467.htm[2022-05-17].

Zhao H. 2021. A cross-border e-commerce approach based on blockchain technology[J]. Mobile Information Systems, 2021：1-10.

第 8 章

创新丝绸之路建设

"一带一路"倡议提出以来，我国与共建国家积极开展创新合作，在基础科学研究、技术转移转化、合作网络与平台基地建设等方面取得了可喜成绩。当前，国内外政治经济格局新变化和新形势对创新丝绸之路建设提出了更高的要求。面对新形势和新要求，高质量共建"一带一路"需要总结经验，找准合作领域。在此背景下，本章将梳理创新丝绸之路的建设现状及面临的主要挑战，研判未来创新合作的重点领域和任务，进一步针对共建国家战略需求与发展基础，提出具体的创新合作机制。

8.1 创新丝绸之路建设的发展现状

自 2013 年"一带一路"倡议提出以来，创新合作一直备受重视，我国与共建国家科技合作机制不断完善，合作领域不断扩宽，合作平台和合作项目务实推进，多层次、交互式、宽领域的科技创新合作局面正在形成。

在创新丝绸之路领域，为充分发挥科技创新合作对共建"一带一路"的引领和支撑作用，中国的主要科技管理部门、学术科研专门机构，如科学技术部、工业和信息化部、中国科学院、国家自然科学基金委员会等积极探索并开展了诸多卓有成效的工作。截至 2021 年底，中国已与 161 个国家和地区建立了科技合作关系，签订了 114 份政府间科技合作协定，涵盖医学、农业、海洋、能源资源、公共卫生、先进制造、高端材料、信息技术等多个重点领域，以加强共性科学基础研究、共建联合研究平台、推动技术转移转化、强化人才培养为抓手，谋求共赢发展（黄军英，2019）。

8.1.1 与共建国家在基础科学方面的合作现状

"一带一路"倡议提出后，学术界高度重视，很多科研院所和高校相继成立了"一带一路"研究中心或研究院所，日益深化与共建国家的科学合作，相关研究成果逐年增长。科学基础合作的重要方式是合著论文，基于我国与共建国家的合著论文分析，可以反映出基础科学方面的合作现状。以 2010～2021 年国家自然科学基金委员会和中国科学院资助的我国与共建"一带一路"合作国家合著论文为对象分析发现,2010 年为 1907 篇,2021 年达到 17 150 篇 [图 8-1(a)],并且在 2013 年"一带一路"倡议提出后数量急剧上升,这反映出我国通过科技创新支撑共建"一带一路"的鲜明特色和成果。分析我国与共建国家合作论文的研究主题发现 [图 8-1(b)],主要聚焦在材料科学、电子电路、化学物理、应用物理、化学、纳米科学、环境科学等学科。基于这些基础科学的研究成果,必将可以引领共建国家在科学技术和工业层面的快速发展。

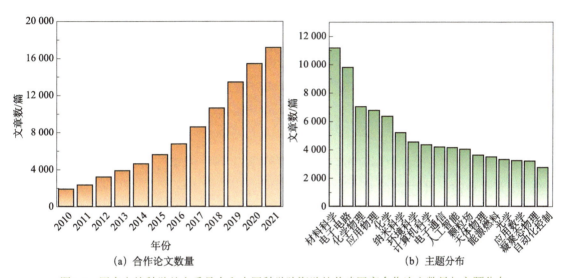

图8-1 国家自然科学基金委员会和中国科学院资助的共建国家合作论文数量与主题分布

检索关键词:National Natural Science Foundation of China(基金资助机构)or NSFC(基金资助机构)or Chinese Academy of Sciences(基金资助机构)or CAS(基金资助机构)and China(地址)and 共建"一带一路"国家(地址)

从表 8-1 可以发现,国家自然科学基金委和中国科学院与新加坡、俄罗斯、巴基斯坦、沙特阿拉伯、印度、波兰等国家合作发表论文均大于 6000 篇。但是与大部分共建国家合作发表论文均小于 1000 篇。总的来说,中国与共建国家的基础科学合作呈现增长趋势,但合作发表论文的数量和质量有待提升;从研究主题领域及合作国别分布来看,合作学科领域分布较广,但有较大的差异性,且当前主要是与科技较为发达国家进行合作,呈现出明显的地域分布不均衡的特点;在高质量的三国以上的合作发表论文中,中国及共建国家的"话语权"不够明显(刘卫东等,2018;王友发等,2016)。

表8-1　国家自然科学基金委员会和中国科学院资助的合作发表论文的部分国家　（单位：篇）

国家	数目	国家	数目
新加坡	26 851	希腊	3 982
俄罗斯	12 032	匈牙利	3 862
巴基斯坦	11 696	马来西亚	3 674
沙特	9 998	泰国	3 613
印度	9 247	伊朗	3 448
波兰	6 955	罗马尼亚	2 972
捷克	5 765	塞尔维亚	2 728
土耳其	4 784	乌克兰	2 605
以色列	4 352	白俄罗斯	2 363
埃及	4 299	亚美尼亚	2 352

8.1.2　联合实验室（研发中心）的建设情况

2017年5月14日，中国宣布启动"一带一路"科技创新行动计划，与共建国家开展科技人文交流、共建联合实验室、科技园区合作、技术转移4项行动。结合共建国家的重大个性化发展需求，科学技术部分别于2019年、2020年和2021年批准建设了三批共计53家"一带一路"联合实验室，是参照国家重点实验室建设的国家对外科技合作创新最高级别平台。以联合实验室（研发中心）为有力抓手，中国在产学研融合互动方面积极发挥引领及辐射作用，强化资源共享与优势互补，开展科技人才交流与培养，联合攻关解决共建国家在发展中面临的重大挑战和问题，有效提升共建国家的科技创新能力，同时也推动我国技术、装备和标准"走出去"，进一步增强了我国科技"软实力"的国际影响力（赵俊杰，2018）。

例如，农业领域的中国-肯尼亚作物分子生物学"一带一路"联合实验室，双方基于合作基础，整合优势，围绕粮食、园艺等开展深入的学术、人才交流，推进优良品种及先进技术落地非洲，致力于保障全球食物供应安全。先进制造领域的中国-奥地利人工智能与先进制造"一带一路"联合实验室，将中国数字经济和人工智能技术与奥地利传统制造技术深度融合，研发了滑坡地质灾害协同监测系统、基于5G及物联网技术的城市公共安全-化工园区安全监测管理-企业安全生产管理系统等多项先进成果。可再生能源领域的中国-埃及可再生能源"一带一路"联合实验室，基于中国成熟的太阳能电池、组件及应用技术，充分开发埃及丰富的太阳能光照和硅矿资源，实现了埃及可再生能源产业"从无到有"的突破。

8.1.3　技术转移转化中心的建设情况

技术转移转化是"一带一路"建设的重要内容,对推进技术成果向共建国家转移及应用具有重要意义。为促进区域技术转移及产学研深度融合,2016 年 6 月,科学技术部发起倡议成立"一带一路"技术转移协作网络,通过科技伙伴计划进一步助力共建国家的科技能力建设和区域经济社会的可持续繁荣与发展。截至 2022 年,我国已建设了 10 余个技术转移转化中心(表 8-2)。在构建科技合作网络和拓展技术转移转化渠道方面取得了阶段性成果(杨舒,2017)。

表8-2　"一带一路"技术转移转化中心清单

序号	技术转移转化中心名称
1	中蒙技术转移中心
2	中泰技术转移中心
3	中国-白俄罗斯国际技术转移中心
4	中国-东盟技术转移中心
5	中国-南亚技术转移中心
6	中国-阿拉伯国家技术转移中心
7	中国-中亚科技合作中心
8	中国-中东欧国家技术转移中心
9	中非创新合作中心
10	技术转移南南合作中心
11	一带一路环境技术交流与转移中心

为顺应科技创新全球化的发展趋势、落实"率先行动"计划、实施国际化推进战略,中国科学院也积极探索并展开行动,成立了中国科学院全球"一带一路"技术转移转化中心,建立了长期稳定的多元化创新集群和有组织的战略联盟(中国科学院,2017a)。中国科学院相继在泰国、乌兹别克斯坦成立了曼谷创新合作中心和中亚药物研发中心。前者极大地带动了中国与泰国在农业、生物技术、核聚变科学等领域的务实合作(中国科学院,2017b);后者已合作完成了 10 多种中亚特色药材的药效物质基础研究,发现了 100 多个新化合物[①]。

---

① 中科院科技支撑"一带一路"建设成果情况 [EB/OL]. https://www.cas.cn/zt/sszt/roadbelt_cas/yw/201705/t20170510_4600223.shtml[2023-06-01].

实践证明，技术转移转化中心已经充分发挥了我国与东盟、中亚、南亚和阿拉伯国家在技术转移转化等方面的务实作用，是"一带一路"建设中将科技成果推向应用的重要平台。在当前构建"国内国际双循环，相互促进发展"的新格局下，更要注重创新合作模式，加强对共建国家国别情况、发展需求、政策体系、知识产权制度等方面的研究，为企业提供更好服务，服务创新之路和创新共同体建设。

8.1.4 海外科教中心的建设情况

为支撑和服务"一带一路"建设，中国科学院充分发挥自身集教学研究、教育和战略咨询于一体的优势，聚焦共建国家的重大民生问题和区域共性挑战，实施了旨在加强与发展中国家合作的发展中国家科教合作拓展工程，成立了海外科教中心。这些中心是我国在境外设立的第一批集科学研究、人才培养、知识传播和成果转化于一体，深度参与全球创新治理，积极应对重大共性挑战的桥梁和合作平台，为"一带一路"建设提供了重要科技支撑[①]。

截至 2022 年底，围绕地理与资源环境、空间天文、技术转移转化等方向，中国科学院在中亚、东南亚、南亚等地区创建了 10 个海外科教中心（表 8-3）。其间，中国科学院与商务部、外交部、科学技术部以及驻当地大使馆密切合作，探索出将科技合作和援外工作紧密结合的新模式，推动援外合作从"授之以鱼"向"授之以渔"的模式转变，成为我国援外工作的新亮点。

表8-3 中国科学院海外科教中心清单

序号	中心名称	合作国家
1	中国科学院南美天文研究中心	智利
2	中国科学院南美空间天气实验室	巴西
3	中国科学院中-非联合研究中心	肯尼亚
4	中国科学院中亚药物研发中心	乌兹别克斯坦
5	中国科学院中亚生态与环境研究中心	哈萨克斯坦、塔吉克斯坦、吉尔吉斯斯坦
6	中国科学院加德满都科教中心	尼泊尔
7	中国科学院中国-斯里兰卡联合科教中心	斯里兰卡
8	中国科学院东南亚生物多样性研究中心	缅甸

① 境外机构 [EB/OL]. https://www.cas.cn/zz/jg/ys/jwjg/201605/t20160513_4556899.shtml[2023-06-01].

序号	中心名称	合作国家
9	中国科学院曼谷创新合作中心	泰国
10	中国-巴基斯坦地球科学研究中心	巴基斯坦

8.1.5　共建特色园区，鼓励企业创新合作

近年来，特别是自"一带一路"倡议提出以来，中国全面加强对外科技合作力度，并把科技园区建设作为推进合作的一个重要方面（郭朝先等，2016；国家发展改革委经济研究所课题组，2019）。2016 年 9 月，科学技术部等四部门联合发布的《推进"一带一路"建设科技创新合作专项规划》提出，用 3～5 年时间，建设一批包括技术示范推广基地、科技园区等在内的国际科技创新合作平台。鼓励有实力的企业与共建国家共建科技园区，探索多元化建设模式。

目前，中国海外合作特色园区正作为一种新动能，推动着中国的境外市场开发和全球企业网络及价值链的建构（刘佳骏和汪川，2019；刘卫东等，2021）。例如，中国火炬（新加坡）高技术创业中心于 2003 年在新加坡宣布成立，这是中国在海外设立的第一个高科技企业创业中心。该中心利用新加坡的创业环境和资源特征，搭建了一个适应于中小型科技企业技术研发、产业化、融资和市场开发的海外服务平台，每年由科学技术部从获得国家火炬计划项目和创新基金资助项目的企业中，精选 2～3 家推荐到新加坡进行互动与孵化（张峰海，2004）。

8.1.6　"创新丝绸之路"典型案例分析

案例1："一带一路"国际科学组织联盟

2018 年 11 月，中国科学院联合俄罗斯科学院、巴基斯坦科学院以及联合国教育、科学及文化组织等 37 家科研机构，共同发起成立了"一带一路"国际科学组织联盟（图 8-2）。截至 2022 年底，"一带一路"国际科学组织联盟成员已由成立时的 37 家拓展到 67 家，覆盖了 48 个国家和地区，全球影响力越来越大；共发起、组织和实施了 25 项重大国际联合科学计划，设立了面向全球的境外伙伴基金项目，参与合作的机构遍布 70 多个国家；成功搭建了国际防灾减灾科学联盟、跨大陆交

流与丝路文明联盟等19个国际专题网络,让中国科技工作者在全球科技舞台上发挥更大的影响力。

(a) "一带一路"国际科学组织联盟成立大会

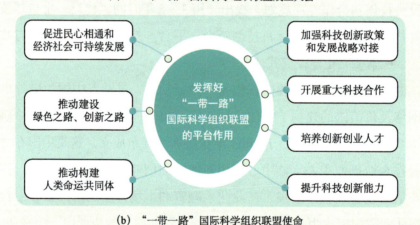

(b) "一带一路"国际科学组织联盟使命

图8-2 "一带一路"国际科学组织联盟成立大会及其使命

资料来源:What is ANSO[EB/OL]. http://anso.org.cn/[2023-06-01]

案例2:中国科学院曼谷创新合作中心

中国科学院曼谷创新合作中心成立于2016年。自中心筹建以来,先后多次组织中国科学院系统成员赴境外开展企业、科研、教育对接交流,组织了包括北斗培训班、泰国科技成果展等在内的多个在当地产生重要影响力的系列活动。在中心的推动下,生物质热电气多联供技术(图8-3)、中-泰遥感微小卫星联合试验基地、泰国智能交通合作示范项目和中科曙光大数据中心等多个项目获得泰国当地政府和泰国合作方的支持,落地东盟并实施。在甘肃建设了丝路荒漠生态农业示范基地,在上海、福建设立了先进制造产业基地、生命健康基地、现代农业基地等,助力中国企业对接东盟市场（中国科学院，2017b），累计为100多家企业走向海外创新创业提供各项科技服务，形成了重大项目、高端人才和科技交流的综合服务平台与技术推进平台。

图8-3　在泰国建立的生物质热电气多联供示范工程（中国科学院曼谷创新合作中心供图）

案例3：中国–斯里兰卡水技术研究与示范联合中心

斯里兰卡北中央省100多万人口中，每年因肾病死亡人数达1000多人，世界卫生组织十分重视对这一疾病的研究，推测可能与饮用地下水有关。中国科学院和商务部合作援建了中国–斯里兰卡水技术研究与示范联合中心，有效支撑双方针对水问题部署的长期合作规划。据统计，中方已为斯方培训水务与医卫专业人员66名、博士研究生和硕士研究生17名，带动国内水务企业"走出去"，在当地示范应用3套地下水处理技术与装置和20余套雨水利用装置，惠及4000余名村民和1300名小学生。此外，依托中国科学院中亚生态与环境研究中心在吉尔吉斯斯坦援建了成套膜技术净化集中供水站，解决了当地5000人日常喝水问题（魏源送，2018）。

案例4：中国科学院新疆生态与地理研究所荒漠化防治技术走入非洲

2005年，非洲萨赫勒–撒哈拉国家共同体成员国发起"非洲绿色长城"计划。然而，其作为一个横跨非洲萨赫勒、撒哈拉区域的庞大计划，面临覆盖面广、工程量大以及区域、技术差异等诸多挑战，特别是缺乏成套的技术模式与综合的系统方案，难以共同实现植树造林、生态恢复、减贫和带动地区经济发展等目标。2017

年，中国科学院新疆生态与地理研究所与"非洲绿色长城"组织签署了合作备忘录，将塔克拉玛干沙漠治理的经验在"非洲绿色长城"组织成员国中推广，并辐射到非洲其他国家。目前，中国科学院新疆生态与地理研究所已经在部分成员国开展了荒漠化数据库建设、遥感数据解译、自动气象站及风沙综合监测场建设等创新工作，积极组织邀请国内从事荒漠化防治的多家企业，开展了"非洲绿色长城"组织成员国考察交流与产品展示，并举办"非洲绿色长城"工程建设技术培训班，为中国支持"非洲绿色长城"工程建设提供技术支撑和中国方案，助力非洲绿色长城建设（朱彤，2018）。

案例5：中国科学院过程工程研究所CAS-TWAS绿色技术卓越中心

缅甸、蒙古国、老挝等国拥有丰富的矿产资源，中国科学院过程工程研究所研发团队联合中国驻当地相关矿产企业，成功实现了生物冶金炼铜绿色技术的转移转化。传统的高温焙烧工艺温度高达1200℃，能耗高、污染重、资源利用率低。但缅甸当地年平均气温27℃，非常有利于生物法的发展。自2012年开始，中国科学院过程工程研究所科技人员就长期驻缅甸蒙育瓦铜矿现场（亚洲最大铜矿），进行生物堆浸技术研发、工艺流程指导，突破了微生物群落优化和生物堆浸两项核心技术，实现了工艺的创新，生产出高纯铜产品（刘卫东等，2021）。此外，中国科学院过程工程研究所利用研发的大型铜冶炼尾气资源化利用技术与蒙古国合作，解决了铜、铝等战略金属冶炼过程中尾气处理难的世界性难题，实现了冶金烟气制硫磺新技术（张锁江，2018）。2019年，中国科学院过程工程研究所继续将自主知识产权的生物冶金技术和浮选技术推广至老挝塞邦铜金矿工业化应用项目中。

8.2 创新丝绸之路建设面临的主要挑战

尽管创新丝绸之路建设卓有成效，但因共建国家国情千差万别，创新基础不一，加之自身能力和国际竞争因素，以及全球新冠疫情的影响等，推进创新丝绸之路建设仍面临着诸多挑战。本节将从国际大环境、国际化创新人才培养和创新合作的结构和层次三方面做进一步梳理。

8.2.1 国际大环境的挑战

"一带一路"倡议提出以来,欧美国家基于自身利益,不断唱衰"一带一路"乃至全球化,并加快了对中国的技术封锁,逆全球化在全球蔓延。此外,"一带一路"建设面临着复杂的安全环境,传统安全威胁与非传统安全威胁并存。共建国家所在的中东、中亚、非洲等地区的部分国家政局动荡,军事冲突、动乱时有发生,恐怖主义、宗教极端主义加剧了当地政局的不确定性和社会的不稳定性,对地区经济发展和国家间合作造成冲击。

新冠疫情强烈冲击了"一带一路"合作的国际环境,增添了许多不确定性风险,衍生出更多针对"一带一路"合作的挑战。疫情暴发后,个别国家有意将疫情政治化,恶意诋毁中国政治制度和抗疫政策,损害了中国的形象,加剧了中外民众间的矛盾、猜忌和隔阂,破坏了"一带一路"的合作氛围。在全球疫情加剧、治理赤字扩大和经济衰退叠加的大背景下,社会不满情绪累积,一些国家爆发大规模抗议示威活动甚至武装冲突,导致这些国家对外合作的能力和意愿大幅下降,"一带一路"合作不确定性增加(李建民,2022;肖晞和宋国新,2021)。

8.2.2 国际化创新人才培养的挑战

随着"一带一路"建设不断推进,具有国际视野的高层次复合型和创新型人才的重要性越发凸显,尤其是具有特定专业背景的国际化创新科技人才的投入必不可少。这是长期发展所形成的共识,也是对国际化创新人才培养提出的新要求。但目前我国高校针对国际化创新人才的培养,在专业化课程、复合型师资、针对性教材、人才培养的实践能力及境外办学规模、留学人员规模和专业设置等方面仍然存在一些问题,这也是我们需要正视的挑战。

首先,高校办学理念缺乏国际化意识,不利于提高学生对国际化教育的认知,"一带一路"倡议所需的国际化创新人才的培养缺乏。国际化课程设置滞后,很少有高校专门针对共建国家的文化背景设定教学内容,尤其是缺乏包含多元文化和价值体系及跨文化理解、沟通方面的课程;缺乏共建国家的相关教学材料,难以主动适应国际化创新人才培养的需求,影响了学生跨文化沟通及活动能力的提升(刘升学等,2022)。"一带一路"倡议对高校的师资水平与能力提出了更高的要求,我国高校教师还需提高国际化视野、掌握"一带一路"相关的理论体系、深入认识共建国家。

其次，我国境外办学规模有待进一步扩大，且境外办学存在投入大、办学目的国国情复杂、院校自身能力不足等障碍。截至 2021 年 9 月，"引进来"中外合作办学机构与项目已经有 2000 多个，大部分招生规模大于 1000 人；但"走出去"的境外办学机构与项目仅有 100 多个，且招生人数多为几十人到几百人（张瑞芳，2022；郑隽娴，2023）。与美国、日本等国相比，我国留学生规模较小，留学生生源国别分布不均衡，发展中国家和周边国家仍是来华留学生的主要来源国；且留学生的学科专业仍主要集中于汉语言专业和人文学科，专业设置有待进一步优化（陈欣等，2022）。

最后，大多数共建国家处于中等或中等以下收入水平，国家经济发展水平难以支撑人才竞争力的提升，导致人才流失严重。同时，不同国家与地区间的人才竞争力发展不平衡，中东欧地区明显高于南亚、非洲及拉丁美洲地区，不同共建国家的创新能力差异较大、发展任务和发展目标处于不同层次，进一步增加了科技创新人才培养的难度（辛越优等，2019）。

8.2.3 科技合作的结构和层次的挑战

目前，中国与共建国家间的科技创新合作网络仍处于初步发展阶段，发展趋势尚不稳定，创新合作的力度和强度差异大且合作层次有待提升（陈欣，2020）。长期以来，中国科技合作对象一直锁定在欧洲、美国、日本、韩国等发达国家或地区，发展中国家涉及较少。根据《2022 年全球创新指数报告》，共建国家中只有新加坡、以色列和爱沙尼亚进入 2022 年全球创新指数排行榜前 20 位，表明共建国家的科技合作基础有明显差异。

中国与共建国家的创新合作差异巨大，如论文合作强度最高的为新加坡、巴基斯坦、俄罗斯、沙特阿拉伯、印度，新加坡、印度、以色列、俄罗斯、马来西亚五个国家的专利合作占 80% 以上（吴建南等，2016）。同时，中国与共建国家的科技合作主要采取引进技术进行二次开发，以技术输出类合作为主实现科技成果的产业化和落地，产学研协同研发攻关类的合作较少，科技创新合作的层次有待提升。另外，中国与共建国家的技术合作多由政府主导，由公立性科研机构实施，以企业为主体实施的科技合作项目并不多，亟须强化企业的创新主体作用（李高歌，2022）。

可见，在未来相当长时期内，全球政治经济处于尚未确立新稳定结构的失衡期，创新丝绸之路建设可能面临技术壁垒、经济波动冲击、疫情阻隔等不利因素。同时，如何实现部门间、政府与企业间、中央与地方间紧密配合的工作机制，形成职责分工明确、各司其职、各有所长、相互借力的"一盘棋",依然是一个重要挑战。

8.3　创新丝绸之路建设的重点科技合作方向

根据未来科技发展趋势、优势科技领域,结合共建国家的发展需求,选择具备重大合作潜力的科学领域,积极探索海外科学中心、大科学计划等的运行机制,布局一定资金或设立专门的国际科技合作基金,培育和推动若干重大科技合作项目,鼓励中国与共建国家开展广泛的学术交流、科技合作、人才交流等,支持中国科技研究"走出去",进一步扩大国际影响力,带动共建国家的共同繁荣和发展。

8.3.1　加强基础科学研究,大幅提升原始创新能力

设立专门的"一带一路"基础研究基金,利用基础研究不以特定应用为目的的特性,超越国界支持共建国家基础研究的国际合作,提升共建国家的原始科技创新能力。加强与共建国家的特色研究领域和优势重点学科开展合作,如新加坡的信息技术和生物科学,俄罗斯的物理、航空航天、数学等,沙特阿拉伯、阿联酋的油气开采与储运等,互相取长补短、因地制宜学习他国先进技术,加强与共建国家在共性科学基础方面的科技合作与文化教育交流(Masood,2019;刘卫东等,2018)。

8.3.2　加强先进适用技术研发,促进能源资源节约集约利用

加强实施技术联合研发、转移转化和专门人才培养。例如,针对中亚的天然气、铀,西亚的石油,南亚的铁、铜,东南亚的天然橡胶等特色产业,可以利用我国在石油化工、冶金等行业的先进技术和商业化经验,为这些国家能源资源产业升级提供支持,提升共建国家的能源资源产业发展水平。加强与东盟国家在海岛能源资源开发领域的国际合作,综合开发水能、太阳能、风能等可再生能源资源,在开拓市场和挖掘发展潜力的同时,实现能源结构优化和多能互补。

8.3.3　动员企业和国际组织参与,不断丰富科技民生内容

鼓励中国企业参与"一带一路"民生科技领域的合作。遴选一批领先的国家高新区,推动与共建国家建立创业合作基地,重点围绕创新创业平台建立、产业对接渠道搭建、创新创业交流活动组织、人才合作模式创新等方面开展探索。进一步建立和完

善与共建国家科技组织的对话机制，发挥国际组织网络的优势，注重共建国家的民生需求，拓宽民间科技人文领域的交流渠道，突出科学文化在突破文明隔阂中的作用。

8.3.4 集中力量进行科技攻关，突破生态文明科技创新的重点和难点

紧紧围绕大气、水、土壤污染防治等领域的重点、难点问题，开发利用先进实用的生态环保技术；推进陆海统筹、天地一体、上下协同、信息共享的生态环境监测网络建设，实现精准、科学、高效的污染治理。积极推动共建国家生态文明技术的大规模应用，通过产业间的资源重新配置推动生态文明建设；推动构建共建国家间互相联通、共同认可的生态文明标准体系，为实现生态文明技术的应用提供保障。强化生态文明理念的传播，将其融入科技创新的各方面和全过程，使生产方式和消费模式转向生态化的发展轨道，实现经济效益和生态效益统一，帮助共建国家切实解决生态问题，推动世界各国携手应对全球生态危机（王琼杰，2018）。

8.3.5 深化"碳达峰、碳中和"国际合作，构建现代能源体系

围绕实现全球"碳达峰、碳中和"的愿景与共识，持续深化低碳科技创新领域的国际合作，支撑构建人类命运共同体。深度参与全球绿色低碳创新合作，拓展与有关国家、有影响力的双边和多边机制的绿色低碳创新合作，组织实施"碳达峰、碳中和"国际科技创新合作计划。支持建设区域性低碳国际组织和绿色低碳技术国际合作平台，充分参与清洁能源多边机制，深入开展"一带一路"科技创新行动计划框架下"碳达峰、碳中和"技术研发与示范国际合作。围绕可再生能源、储能、氢能、低碳工业流程再造、二氧化碳捕集利用与封存等领域开展切实的创新合作，推动低碳转型，推动"一带一路"建设朝着更加绿色、更高质量、更可持续的方向发展（丁仲礼，2022）。

8.4 本章小结

（1）加强国际科技合作体制与机制创新

目前，我国国际科技合作体制和机制主要围绕与发达国家开展学术交流合作制定，难以适用于与共建国家的创新合作。建议深化国际合作交流改革、形成新的工作机制和工作模式。根据共建国家的实际需求和情况，制定适合与共建国家协同合作的工作制度和机制，完善部门间协商机制，建立双边为主、多边为辅的交流机制，充分发挥

现有各类国际组织、联合实验室、委员会等的作用。国内的各科技管理部门应在一定框架下有组织地与共建国家相关部门对接，在双边、多边科技创新合作协议的基础上，广泛开展沟通与谈判，消除科技资源和创新要素在"一带一路"国家中合理流动的不必要障碍，并签订科技创新合作协议，协调推动项目高效实施，推动科技创新共同体的构建（宋振华，2017；肖峰等，2016）。

（2）增加经费投入，设立"一带一路"科技合作专项

以科技创新支撑"一带一路"倡议的实施，是一项复杂的系统性工程，须优化顶层设计，加强科技合作经费投入，有重点、有计划地予以积极推进，确保科技创新共同体的有序运转。建议根据"一带一路"顶层设计中的相关要求，深入梳理我国与共建国家的科技资源、科技需求、共同难题等，组织政府部门、科研单位、企业和专家共同制定科技引领支撑"一带一路"倡议专项规划，为各国科学家在基础研究等方面的自由探索、合作交流提供充分资助，有效发挥科学基金在基础研究国际合作方面的优势和先导作用，调动和发挥科研人员的积极性，提升研发效率。资助规模可在现有共建国家合作规模基础上设立，根据前期工作的绩效情况适度调整。此外，基于现有国际合作学科领域的格局，建议增加对其他学科领域的支持，如新能源、海洋工程等，促进学科均衡协调可持续发展（安晓明，2016；肖峰等，2016）

（3）加强具有国际视野的创新人才培养

中国高等院校和科研院所拥有大批创新丝绸之路建设专业人才，专家学者以学术研讨、国际沟通、科技应用等多种方式参与创新丝绸之路建设，为创新丝绸之路建设提供了专业知识与科技支持。但是，目前中国科学家在重要国际组织的任职相对较少，因此建议：一是建立完善的机制、设立专项经费、营造创新的环境，全力支持中国科学家担任重要国际组织领导职务，推动更广泛、更高水平参与国际组织的决策和管理；二是根据国际组织职位及后备人才特点，设立高级职位后备人才库和一般职位后备人才库，凝聚具有国际视野、能够参与国际竞争的优秀人才，鼓励和支持全国学会、协会和研究会，以及高等院校、科研院所、企业等通过多元化渠道选拔推荐政治过硬、综合素质高、业务能力强的专业人才入库；三是通过专门人才的牵引和带动，提升我国在国际科技领域的国际影响力和话语权，发挥我国在全球科技治理中的作用，加快塑造国际合作和竞争优势。

（4）吸引和团结世界各国优秀科学家赴华工作

科技人文交流是加强"一带一路"务实合作、推动共建"一带一路"高质量发展的重要纽带。然而国际交流与合作能否成功，很大程度上基于是不是有很好的人才，人才能起到桥梁和纽带的作用（辛闻，2017）。共建国家在经济、产业、科技等领域发展各有特色，社会历史文化发展多元，科技人文交流不仅是"走出去"，还需"引进来"。因此建议：一是不断优化科技人文交流国别布局，进一步明确科技人文交流的重点领域，进而推动对重点领域优秀科学家的吸引和培育；二是充分发挥文化自信，善用校友、同门等力量展现中国形象，同时通过留学生、师资交流、竞赛交流及学术会议等大力吸引外国高层次人才；三是健全人才激励机制，一流人才要给予一流报酬，对为人才库建设发展做出突出贡献的高端技术人才，要给予应有的社会荣誉和优厚的工资福利待遇，在引才的同时做好留才、用才等工作。

（5）加强"一带一路"科技合作网络和平台建设

科技合作网络和平台建设能为共建国家组织开展科技创新活动提供重要支撑，也有助于共建国家创新能力的提升。建议继续面向共建国家的重大共性科技需求和挑战，基于政府间国际科技合作基地建设协议，继续拓展布局科技合作网络和平台建设。在东南亚、南亚地区，大力推动绿色环保技术，积极投建绿色生态工业园区；在卡塔尔、土库曼斯坦等国，可联合其建立石油、天然气等研发中心；在中亚、西亚、北非地区，重点发展可再生能源项目，建立风能、太阳能、核能等联合中心，推进当地能源转型；与捷克、波兰等国家建立机械制造研究中心等，在平台建设推动工业化发展的产能合作中注重低碳化和生态化（王琼杰，2018）。同时，注重建设国际技术转移转化平台，共享技术信息和成果，推动创新成果落地转化，降低双边/多边科技合作的对接难度，提升共建国家的科技创新能力，以国际科技合作推动和支撑"一带一路"建设。

本章参考文献

安晓明.2016.我国"一带一路"研究脉络与进展[J].区域经济评论，2：77-78.

陈欣.2020."一带一路"沿线国家科技合作网络演化研究[J].科学学研究，38（10）：1811-1817，1857.

陈欣，杜洁，杨茜.2022.后疫情时代中国高校在东盟国家境外办学的问题与对策[J].教育与教学研究，36（10）：120-128.

丁仲礼.2022.碳中和对中国的挑战和机遇[J].中国新闻发布（实务版），1：16-23.

郭朝先，邓雪莹，皮思明.2016."一带一路"产能合作现状、问题与对策[J].中国发展经济，6：44-47.

国家发展改革委经济研究所课题组.2019.推动经济高质量发展研究[J].宏观经济研究，
　　2：5-17，91.

黄军英.2019-05-02."一带一路"国际科技创新合作大有可为[N].光明日报，第 6 版.

李高歌.2022.论"一带一路"对企业创新的影响及未来举措[J].商业文化，10：36-37.

李建民.2022.中国与中亚经济合作 30 年——政策演进、重点领域进展及未来发展路径[J].
　　俄罗斯研究，5：74-94.

刘佳骏，汪川.2019."一带一路"沿线中国海外合作园区建设与发展趋势[J].清华金融
　　评论，9：110-112.

刘升学，刘亚华，王莉芬.2022."一带一路"背景下高校国际化创新人才培养探索[J].
　　山西大同大学学报（社会科学版），36（4）：118-121，126.

刘卫东，等.2021."一带一路"建设案例研究：包容性全球化的视角[M].北京：商务印
　　书馆.

刘卫东，宋周莺，刘志高，等.2018."一带一路"建设研究进展[J].地理学报，73（4）：
　　620-636.

宋振华.2017."一带一路"战略^①下的国际科技合作研究综述[J].昆明理工大学学报
　　（社会科学版），17（1）：1-9.

王琼杰.2018.首届"一带一路"生态文明科技创新论坛提出 以创新推进生态文明命运
　　共同体构建[J].资源导刊，10：38.

王友发，罗建强，周献中.2016.近 40 年来中国与"一带一路"国家科技合作态势演变
　　分析[J].科技进步与对策，33（24）：1-8.

魏源送.2018."一带一路"沿线国家水科技合作[J].中国科学院院刊，33（Z2）：116-
　　118.

吴建南，郑长旭，姬晴晴.2016."一带一路"战略实施与国际科技合作创新——基于
　　NSFC 资助论文的分析[J].情报杂志，35（4）：32-36，59.

肖峰，马晓敏，杨敏.2016.一带一路水务科技合作机遇与挑战[J].智库理论与实践，6：
　　52-59.

肖晞，宋国新.2021.新冠肺炎疫情常态化下的"一带一路"合作：挑战、机遇与进路[J].

① 一般称"一带一路"倡议。——编者注

学习与探索,（12）：35-42.

辛闻. 2017. 白春礼：人才培养为"一带一路"人文交流奠定民意基础[EB/OL]. http://news.china.com.cn/2017-05/09/content_40774388.htm[2023-06-01].

辛越优,倪好,林成华. 2019."一带一路"沿线国家的人才竞争力：排名、特征与启示[J].高校教育管理,13（4）：8-17.

杨舒. 2017-04-18. 创新共同体稳步推进 沿线国家人民受益多[N]. 光明日报,第7版.

张峰海. 2004. 中国火炬（新加坡）高技术创业中心[J].中国科技成果,11：47-48.

张锁江. 2018. 构建"一带一路"绿色技术创新体系[J].中国科学院院刊,33（Z2）：8-13.

张瑞芳. 2022."一带一路"倡议下我国高校境外办学的现状、困境及突破[J].河北师范大学学报：教育科学版,24（5）：133-140.

赵俊杰. 2018. 科技创新合作助力"一带一路"建设[J].全球科技经济瞭望,33（2）：44-49.

郑隽娴. 2023. 新时期我国本科及以上层次中外合作办学的现状分析与对策研究[J].哈尔滨学院学报,44（6）：140-144.

中国科学院. 2017a. 全球"一带一路"技术转移转化中心[J].中国科学院院刊,33（Z2）：49-51.

中国科学院. 2017b. 中国科学院曼谷创新合作中心[J].中国科学院院刊,32（Z2）：87-89.

朱彤. 2018. 我荒漠化防治技术助"非洲绿色长城"计划[EB/OL].http://m.people.cn/n4/2018/0412/c155-10813605.html[2023-06-01].

Masood E. 2019. How China is redrawing the map of world science[J]. Nature, 569：20-23.

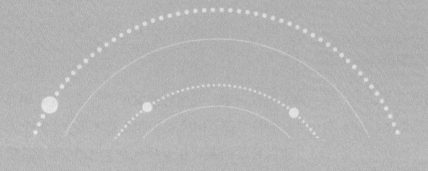

第 9 章

"一带一路"科技创新人才培养

9.1 背景与意义

自 2013 年提出"一带一路"倡议以来，我国陆续发布"一带一路"科技创新人才培养的相关文件。2016 年 9 月科学技术部、国家发展和改革委员会、外交部和商务部联合印发《推进"一带一路"建设科技创新合作专项规划》，2017 年 5 月首届"一带一路"国际合作高峰论坛提出"一带一路"科技创新行动计划。2021 年 9 月召开的中央人才工作会议上，习近平总书记要求，深入实施新时代人才强国战略，全方位培养、引进、用好人才，加快建设世界重要人才中心和创新高地[①]。党和国家的重点部署和重要任务安排为科技创新人才培养与"一带一路"发展提供了战略指引和实践指导。

当前，人才战略性地位和价值凸显，各国纷纷开启新一轮人才战，国际人才格局正在加速演变，高端科技人才的全球化竞争日趋激烈。各个国家纷纷出台科技人才竞争政策和举措，力争取得先发优势。全球化背景下，学生国际流动成为科技创新人才培养的关键路径，也是高等教育国际化的重要体现，而经济发展水平、高等教育质量、地理位置、文化背景、语言、政策等都影响着学生国际流动趋势。欧美地区因高等教育水平高、教育资源丰富、学术成就享誉世界吸引着全球大部分的国际生源。如今，中国已成为亚洲最大留学目的国，在"一带一路"国家和地区乃至全球市场中占有一席之地。

中国是科教大国、科教强国，所培养的包括"一带一路"国家和地区的留学生在内的大批科技创新人才为共建"一带一路"做出了突出贡献。但是，"一带一路"发展仍面临科技创新人才短缺，特别是高层次优秀人才严重缺乏的挑战。在"一带一路"来华留学生规模稳定上升的背景下，如何科学高效地培养更多科技创新人才、如何吸引更多优秀人才来华深造是需要重点探索的问题。

本章通过分析共建国家和中国科教发展情况、共建国家人才来华留学情况及其影

---

① 习近平出席中央人才工作会议并发表重要讲话 [EB/OL]. http://www.gov.cn/xinwen/2021-09-28/content_5639868.htm[2021-09-28].

响因素等内容，力争为"一带一路"科技创新人才培养和发展提供可行性建议。

9.2 共建国家及中国的科教水平和学生流动情况

9.2.1 共建国家科教水平和学生流动情况

为便于分析，根据地理位置将共建国家划分为亚洲、非洲、欧洲、美洲和大洋洲五大地区，其中亚洲进一步细分为五个区域，具体地区及国家列表见表9-1。

表9-1 "一带一路"共建国家（138国）的地区划分

亚洲37国	东南亚11国	东帝汶、菲律宾、柬埔寨、老挝、马来西亚、缅甸、泰国、文莱、新加坡、印度尼西亚、越南
	南亚6国	阿富汗、巴基斯坦、马尔代夫、孟加拉国、尼泊尔、斯里兰卡
	西亚14国	阿联酋、阿曼、阿塞拜疆、巴林、格鲁吉亚、卡塔尔、科威特、黎巴嫩、沙特阿拉伯、土耳其、亚美尼亚、也门、伊拉克、伊朗
	中亚4国	哈萨克斯坦、吉尔吉斯斯坦、塔吉克斯坦、乌兹别克斯坦
	东亚2国	韩国、蒙古国
非洲44国		阿尔及利亚、埃及、埃塞俄比亚、安哥拉、贝宁、布隆迪、赤道几内亚、多哥、佛得角、冈比亚、刚果（布）、吉布提、几内亚、加纳、加蓬、津巴布韦、喀麦隆、科摩罗、科特迪瓦、肯尼亚、莱索托、利比里亚、利比亚、卢旺达、马达加斯加、马里、毛里塔尼亚、摩洛哥、莫桑比克、纳米比亚、南非、南苏丹、尼日尔、尼日利亚、塞拉利昂、塞内加尔、塞舌尔、苏丹、索马里、坦桑尼亚、突尼斯、乌干达、赞比亚、乍得
欧洲27国		阿尔巴尼亚、爱沙尼亚、奥地利、白俄罗斯、保加利亚、北马其顿、波黑、波兰、俄罗斯、黑山、捷克、克罗地亚、拉脱维亚、立陶宛、卢森堡、罗马尼亚、马耳他、摩尔多瓦、葡萄牙、塞尔维亚、塞浦路斯、斯洛伐克、斯洛文尼亚、乌克兰、希腊、匈牙利、意大利
美洲19国		安提瓜和巴布达、巴巴多斯、巴拿马、玻利维亚、多米尼加、多米尼克、厄瓜多尔、哥斯达黎加、格林纳达、古巴、圭亚那、秘鲁、萨尔瓦多、苏里南、特立尼达和多巴哥、委内瑞拉、乌拉圭、牙买加、智利
大洋洲11国		巴布亚新几内亚、斐济、基里巴斯、库克群岛、萨摩亚、密克罗尼西亚联邦、纽埃、所罗门群岛、汤加、瓦努阿图、新西兰

共建国家科教水平和学生流动情况具有如下特点。

（1）科教水平参差不齐，大部分国家水平较低

共建国家科教能力、科教水平和规模差异性较大，呈现出少数国家较好、大部分国家普遍较弱的不均衡发展态势。

根据 2022 年软科世界大学学术排名数据[①]，共建国家中仅有 6 个国家的 11 所高校进入前 200 名：新加坡 2 所（最高第 71 名），韩国 1 所（第 98 名），沙特阿拉伯 2 所、俄罗斯 1 所、意大利 4 所进入前 101～150 名，奥地利 1 所进入前 151～200 名；共建国家中共有 226 所高校进入前 1000 名，且主要位于 500 名之后。比较而言，我国大学整体实力和全球影响力较高。中国（不含港澳台地区）共有 26 所大学进入前 200 名，其中 8 所进入前 100 名，最高为第 26 名。

共建国家中，欧洲地区高等教育发展水平高，拥有高等教育劳动力比例高，其中俄罗斯、乌克兰、立陶宛等国高于平均水平。亚洲、大洋洲地区的韩国、新加坡、新西兰的高等教育水平高；韩国的高等教育入学率达 95.35%，位居 138 个国家之首[②]。南亚地区远低于全球平均发展水平，尼泊尔、不丹、印度、巴基斯坦、孟加拉国、斯里兰卡的高等教育入学率都处于平均水平之下，拥有高等教育劳动力比例低。

学科方面，根据基本科学指标（Essential Science Indicators，ESI）（2022 年 9 月）数据[③]，有 55 个共建国家无任何机构进入排名前 1%，有 52 个国家进入数量未超过 10 个，仅有 15 个国家进入数量超过 30 个。这表明，共建国家的科教水平普遍较弱，只有少数国家表现出色。

按地区对进入世界前 1% 机构数量进行汇总，可以发现东亚 2 国（主要是韩国）、欧洲 27 国、西亚 14 国的学科水平较高，其他地区表现很弱，见表 9-2。

表9-2 共建国家的学科表现

地区		相对优势学科	进入世界前 1% 机构数量 / 个
亚洲 37 国	东南亚 11 国	临床医学、工程、化学、材料科学、物理	132
	南亚 6 国	临床医学、工程、物理、环境和生态、植物与动物科学	52
	西亚 14 国	工程、临床医学、化学、物理、数学	283
	中亚 4 国	临床医学、物理、工程、材料科学、地球科学	5
	东亚 2 国	临床医学、化学、材料科学、工程、物理	140
非洲 44 国		临床医学、工程、植物与动物科学、环境和生态、社会科学	162
欧洲 27 国		临床医学、物理、植物与动物科学、化学、工程	776

① 2022 世界大学学术排名 [DB/OL]. https://www.shanghairanking.cn/rankings/arwu/2022[2023-06-01].

② 访问世界银行数据库的 Education Statistics 模块，选择 gross enrolment ratio，tertiary，both sexes（%）条目查询所得，https://datacatalog.worldbank.org/search/dataset/0038480.

③ 根据 ESI 数据库中的 Top Papers by Institutions 模块，进行 138 国匹配后获取表格统计数据，数据查询入口：http://esi.clarivate.com.

续表

地区	相对优势学科	进入世界前 1% 机构数量 / 个
美洲 19 国	临床医学、环境和生态、植物与动物科学、空间科学、物理	40
大洋洲 11 国	临床医学、植物与动物科学、环境和生态、社会科学、地球科学	28

以自然指数（nature index）作为参考指标[①]，2021 年美国以 28 209 篇文章占据了 19 857.35 的份额数，排名第一；中国发表的 21 415 篇文章占据了 16 753.86 的份额数，排名第二。欧洲、美洲和亚洲最为突出的学科是物理科学，非洲是生命科学，大洋洲是地球与环境（表 9-3）。中国在这四个领域的自然指数分别是化学（8935.09）、地球与环境（2014.45）、生命科学（2152.53）、物理科学（5664.22）。在数值上，中国的自然指数高于共建国家的自然指数之和。

表9-3　共建国家所在地区的自然指数

地区	总份额数	化学	地球与环境	生命科学	物理科学
欧洲 27 国	3240.49	870.07	271.29	693.61	1628.05
东亚 2 国	1594.90	686.91	104.26	219.96	863.11
东南亚 11 国	749.35	324.34	62.92	160.20	350.69
西亚 14 国	404.16	144.82	39.63	54.04	205.97
非洲 44 国	194.55	43.38	38.30	89.06	67.65
美洲 19 国	168.72	16.66	31.68	44.19	112.16
大洋洲 11 国	116.24	23.73	49.64	33.81	23.35
南亚 6 国	40.12	4.17	6.52	7.28	23.76
中亚 4 国	10.68	0.29	2.47	2.90	9.81

（2）学生流出数量多，中国吸引力需提升[②]

"一带一路"倡议提出以来，共建国家学生输出数量及输入数量都保持稳步增长，共建国家之间的学生交流也逐渐增多。

---

① 根据自然指数数据中的 2022 tables：Countries/territories 模块，按地区和领域筛选获取数据并进行统计，数据查询入口：https://www.nature.com/nature-index/annual-tables/2022/country/all/all.

② 根据联合国教科文组织统计研究所（UNESCO Institute for Statistics）2018 年的"世界各国流出流入来华数据"（数据查询入口：http://data.uis.unesco.org/）和教育部国际合作与交流司"2018 来华留学生简明统计"计算所得。

2018 年，共建国家学生流出主要目的国包括美国、中国、澳大利亚、俄罗斯、英国、德国和土耳其等，中国的影响力仅次于美国，见表 9-4。

表9-4 2018年共建国家学生流出情况

区域		来华人数/人	流出学生总数/人	主要前往国家及占比
亚洲 37 国	东南亚 11 国	99 650	427 564	中国（23.31%），澳大利亚（17.78%），美国（13.57%），日本（13.29%）
	南亚 6 国	50 819	303 183	澳大利亚（23.67%），中国（16.76%），美国（11.03%），日本（7.30%）
	西亚 14 国	12 309	381 115	美国（21.91%），英国（13.45%），德国（6.54%），沙特阿拉伯（5.98%）
	中亚 4 国	26 728	206 860	俄罗斯（61.89%），中国（12.92%），哈萨克斯坦（5.47%），吉尔吉斯斯坦（3.34%）
	东亚 2 国	60 758	174 184	中国（34.88%），美国（29.22%），日本（9.30%），澳大利亚（5.68%）
非洲 44 国		75 872	563 809	法国（21.04%），中国（13.46%），美国（7.62%），德国（5.21%）
欧洲 27 国		36 608	618 014	英国（14.37%），德国（12.01%），俄罗斯（6.49%），中国（5.92%）
美洲 19 国		5 645	161 034	阿根廷（36.48），美国（18.45%），西班牙（11.98%），中国（3.51%）
大洋洲 11 国		2 014	11 444	澳大利亚（30.63%），美国（21.88%），中国（17.60%），新西兰（8.16%）

从共建国家学生来华人数来看，各区域呈现出如下特点。

亚洲地区，东南亚 11 国来华留学人数最多，其中泰国最突出（28 608 人，占该国流出学生总数的 49%）。南亚 6 国中，来华人数排名靠前的是巴基斯坦（28 023 人，占该国流出学生总数的 34%）和孟加拉国（10 735 人，占该国流出学生总数的 20%）。西亚 14 国流出学生总数在亚洲地区排第二位，但来华人数为亚洲最低，具有一定的发展潜力。中亚 4 国中，哈萨克斯坦高等教育发达，来华人数占该国流出学生总数的 12%，且来华人数居中亚首位。东亚虽然只有韩国和蒙古国两个共建国家，但来华人数居亚洲第二位（60 758 人），来华比例为 34.88%，其中韩国贡献了 83% 的生源。

非洲 44 国是来华留学生第二大生源地，来华比例为 13.46%，可以重点发展。来华人数超过 5000 人的有五个国家，分别是尼日利亚（6845 人）、加纳（6475 人）、坦桑尼亚（5673 人）、埃塞俄比亚（5532 人）和津巴布韦（5225 人）。

欧洲 27 国留学生来华比例为 5.92%，俄罗斯来华人数最多（19 239 人）。美洲留学生来华比例仅为 3.51%，巴拿马来华人数最多（738 人）。除了俄罗斯，欧洲和美洲国家学生来华留学的意愿较低。

大洋洲留学生是五大洲中最少的（2014 人），但留学生来华比例为 17.60%，仅次于亚洲的东南亚（23.31%）和东亚（34.88%）。

9.2.2　中国教育、科研水平和留学生总体情况

（1）高等教育资源丰富，人才培养规模大、水平高

经过多年的建设发展，中国高等教育资源丰富，培养科技创新人才的规模可观。根据教育部《2021 年全国教育事业发展统计公报》，全国共有高等学校 3012 所，其中普通本科学校 1238 所，另有培养研究生的科研机构 233 所。高等教育专任教师 188.52 万人，其中普通本科学校 126.97 万人。高等教育毛入学率达到 57.8%。普通本科招生 444.60 万人，研究生招生 117.65 万人（博士生 12.58 万人，硕士生 105.07 万人）。各类高等教育在校学生总规模达 4430 万人，其中普通本科在校生 1893.10 万人、在学研究生 333.24 万人（在学博士生 50.95 万人，在学硕士生 282.29 万人）。2021 年普通本科毕业生 428.10 万人；毕业研究生 77.28 万人，其中毕业博士生 7.20 万人，毕业硕士生 70.07 万人[①]。

中国高等教育办学条件也在持续改善，财政性教育经费投入占 GDP 比例连续十年保持在 4% 以上。持续的投入带来高等教育水平的持续提升，根据 ESI（2022 年 9 月）数据，中国（不含港澳台地区）高校进入前 1% 的学科总数 1943 个，其中前 1‰ 学科 230 个，表现非常强劲；拥有前 1% 和 1‰ 学科的高校数分别是 386 所、83 所[②]。

（2）科研产出大幅提升，总体水平位于世界前列

2022 年，*Nature* 杂志发布的自然指数五强（Nature Index Big 5）显示，按照贡献份额衡量，美国、中国、德国、英国和日本这五个国家科研能力一直保持全球领先。尽管自 2015 年以来位次没有变化，但中国的科研产出大幅增加，2015～2021 年经调整后的自然指数贡献份额增幅高达 81%，远超其他四国。2021 年中国在物理科学和化学领域的增长首次超过美国，在该领域贡献了约 24.0% 的全球份额，美国为 23.8%[③]。

---

① 2021 年全国教育事业发展统计公报 [EB/OL]. http://www.moe.gov.cn/jyb_sjzl/sjzl_fztjgb/202209/t20220914_660850.html[2022-09-14].

② 2022 年 9 月 ESI 大学排行榜 386 所最全名单 [EB/OL]. https://www.eol.cn/shuju/paiming/202209/t20220909_2245033.shtml[2022-09-09].

③ 自然指数：中国科研产出激增 中美科研合作保持韧性 [EB/OL]. http://www.gov.cn/xinwen/2022-03/13/content_5678792.htm[2022-03-13].

根据美国国家科学基金会（NSF）统计数据，在发表科技论文数量上，2018 年中国首次超过美国成为世界第一。在前 10% 高被引科技论文数量上，中国也超过美国成为世界第一。2022 年 8 月，日本国家科学技术政策研究所（NISTEP）发表的研究报告指出，中国首次在前 1% 高被引论文数量上超过美国（Brainard and Normile，2022）。

上述统计数据表明，我国科研总体水平已经进入世界前列，自然科学领域达到世界一流水平。

（3）留学生规模持续扩大，高层次学历生比例较低 [①]

2018 年，全球排名前五的留学目的国是美国、英国、中国、加拿大和澳大利亚，留学生数量分别是 109.53 万人、55.15 万人、49.22 万人、43.54 万人和 42.05 万人。美国和英国作为世界科教强国，已连续多年稳居前二；加拿大和澳大利亚高校把留学生作为重要经费来源，发展迅速。与上述国家相比，中国留学工作起步较晚但发展较快，从 2005 年的 14.11 万人增至 2018 年的 49.22 万人（图 9-1），来华留学生数量已接近世界总数的 10%。

图9-1　2005～2018年来华留学生总量

资料来源：教育部国际合作与交流司2005～2018年发布的"来华留学生简明统计"

学历层次方面，本科留学生数量中国排名第五，前二是美国和英国，中国与其相比存在明显差距。硕博留学生数量中国排名仅为第六，美国、英国、德国、澳大利亚

[①] 本小节数据来源：美国国际教育学院（Institute of International Education）的 Project Atlas（数据查询入口：https://www.iie.org/research-initiatives/project-atlas/explore-global-data/）和教育部国际合作与交流司发布的 2005～2018 年"来华留学生简明统计"；前往各个目的国的留学生总数以及其中的学历生和各专业人数，根据上述数据统计获得。

和俄罗斯排名在前；硕博留学生占该国留学生总数的比例，德国排名第一为 53.7%，澳大利亚第二为 48.6%，而中国为 17.3%，和其他国家差距明显，见表 9-5。总体而言，与其他主要留学目的国相比，流入中国的本硕博留学生占比为 49.9%，与日本基本持平，而美国占比超过 70%，俄罗斯、澳大利亚和英国均超过 90%。这说明，中国留学生结构存在很大的优化空间，亟须增加高层次人才数量和比例，特别是硕博层次。

表9-5 2018年主要留学目的国学历生数量和占比

国家	本科留学生数量/人	本科留学生占该国留学生总数的比例/%	硕博留学生数量/人	硕博留学生占该国留学生总数的比例/%
美国	431 930	39.4	377 943	34.5
英国	304 620	55.2	246 875	44.8
俄罗斯	209 031	59.2	109 964	31.1
澳大利亚	194 858	46.3	204 220	48.6
中国	160 783	32.7	85 062	17.3
德国	113 730	37.6	162 392	53.7
日本	67 710	29.6	46 925	20.5

注：加拿大、法国和西班牙的数据缺失未列入

专业方面，理工科专业较强势的国家是美国和德国。2018 年，赴美、德留学生中有大约一半就读理工类专业，而来华留学生中仅有 17% 选择理工类专业（图 9-2）。对比来看，我国的理工科专业对留学生的吸引力相对偏弱，需要加强宣传与投入。

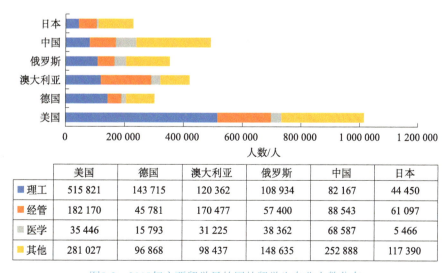

	美国	德国	澳大利亚	俄罗斯	中国	日本
理工	515 821	143 715	120 362	108 934	82 167	44 450
经管	182 170	45 781	170 477	57 400	88 543	61 097
医学	35 446	15 793	31 225	38 362	68 587	5 466
其他	281 027	96 868	98 437	148 635	252 888	117 390

图9-2 2018年主要留学目的国的留学生专业人数分布

9.3 共建国家来华留学情况及其影响因素[①]

2006~2018年，共建国家来华留学生数量从10.81万人增加到37.02万人（图9-3），亚洲、非洲、欧洲三个地区为主要来源地；共建国家来华留学生全球占比从66.41%上升至75.22%，增长态势持续稳定。

图9-3 2006~2018年来华留学生数量

共建国家也是来华留学学历生的主要来源国。2018年，来华留学学历生排名前10的国家，除印度外，其他皆为共建国家（表9-6）。

表9-6 2018年来华留学学历生数量排名前10国家

序号	国家	学历生数量/人	序号	国家	学历生数量/人
1	巴基斯坦	24 573	6	孟加拉国	9 450
2	印度	21 259	7	印度尼西亚	8 263
3	韩国	20 548	8	哈萨克斯坦	7 925
4	泰国	11 157	9	俄罗斯	7 866
5	老挝	11 073	10	蒙古国	6 955

9.3.1 共建国家来华留学情况分析

（1）亚洲37国

2018年，东南亚11国来华留学生约占全球来华留学生总数的20.25%，占共建国

---

① 本节数据根据教育部国际合作与交流司发布的2006~2018年"来华留学生简明统计"计算所得。

家来华留学生总数的 26.90%。整体而言，如图 9-4 所示，东南亚来华留学学历生和非学历生规模相当，其中学历生最多的三个国家是泰国、老挝和印度尼西亚，非学历生最多的三个国家是泰国、印度尼西亚和缅甸。可见，泰国、老挝和印度尼西亚可以作为未来国际化拓展增量提质的重点。

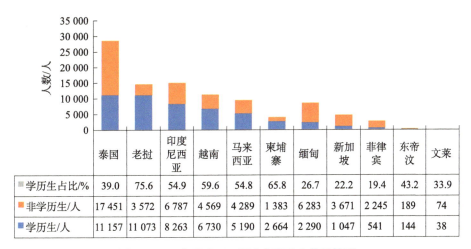

	泰国	老挝	印度尼西亚	越南	马来西亚	柬埔寨	缅甸	新加坡	菲律宾	东帝汶	文莱
学历生占比/%	39.0	75.6	54.9	59.6	54.8	65.8	26.7	22.2	19.4	43.2	33.9
非学历生/人	17 451	3 572	6 787	4 569	4 289	1 383	6 283	3 671	2 245	189	74
学历生/人	11 157	11 073	8 263	6 730	5 190	2 664	2 290	1 047	541	144	38

图9-4　2018年东南亚11国来华留学生数量情况

南亚 6 国来华留学生约占全球来华留学生总数的 10.33%，占 "一带一路"来华留学生总数的 13.72%。从图 9-5 来看，南亚来华留学生以学历生为主，平均学历生占比为 74%。2018 年，南亚地区来华留学生数量排名前三的国家分别是巴基斯坦、孟加拉国和尼泊尔（图 9-5）。该地区来华留学的本科生中有 52% 来自巴基斯坦，其次是孟加拉国（30%）和尼泊尔（8%）。该地区硕士生中超过 59% 的学生来自巴基斯坦，博士生中超过八成的学生来自巴基斯坦（85%）。可见，中国对巴基斯坦、孟加拉国和尼泊尔学生的影响力大、吸引力强，可以将这三国作为重点国家开展科技创新人才培养合作。

西亚 14 国的来华留学生约占共建国家来华留学生总数的 3.32%，以学历生为主，占比为 59.3%。2018 年，西亚地区来华留学生数量排名前三的国家分别是也门、伊朗和土耳其（图 9-6），分别占该地区来华留学生总数的 38%、17% 和 15%。西亚地区超过三成的本科和硕士留学生均来自也门；博士留学生主要生源国为伊朗（42%）和也门（29%），这两个国家可以作为重点合作对象。

中亚 4 国的来华留学生约占共建国家来华留学生总数的 7.22%，以学历生为主，占比为 60%。哈萨克斯坦是中亚地区来华留学学历生人数最多的国家（图 9-7）。该国来华留学学历层次以本科生为主，硕士生次之，博士生最少。

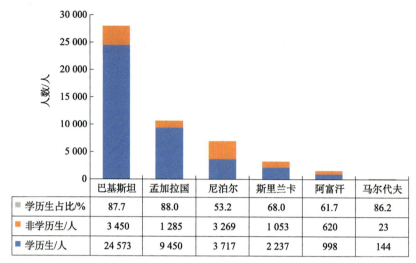

	巴基斯坦	孟加拉国	尼泊尔	斯里兰卡	阿富汗	马尔代夫
学历生占比/%	87.7	88.0	53.2	68.0	61.7	86.2
非学历生/人	3 450	1 285	3 269	1 053	620	23
学历生/人	24 573	9 450	3 717	2 237	998	144

图9-5　2018年南亚6国来华留学生数量情况

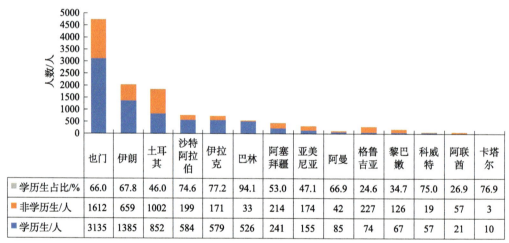

	也门	伊朗	土耳其	沙特阿拉伯	伊拉克	巴林	阿塞拜疆	亚美尼亚	阿曼	格鲁吉亚	黎巴嫩	科威特	阿联酋	卡塔尔
学历生占比/%	66.0	67.8	46.0	74.6	77.2	94.1	53.0	47.1	66.9	24.6	34.7	75.0	26.9	76.9
非学历生/人	1612	659	1002	199	171	33	214	174	42	227	126	19	57	3
学历生/人	3135	1385	852	584	579	526	241	155	85	74	67	57	21	10

图9-6　2018年西亚14国来华留学生数量情况

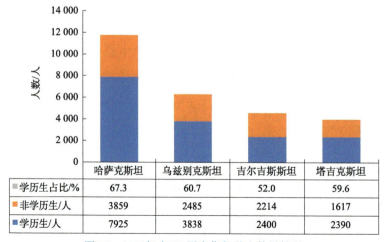

	哈萨克斯坦	乌兹别克斯坦	吉尔吉斯斯坦	塔吉克斯坦
学历生占比/%	67.3	60.7	52.0	59.6
非学历生/人	3859	2485	2214	1617
学历生/人	7925	3838	2400	2390

图9-7　2018年中亚4国来华留学生数量情况

东亚 2 国来华留学生约占全球来华留学生总数的 12.34%，占共建国家来华留学生总数的 16.40%。韩国是东亚地区乃至世界范围内来华留学学历生生源大国（图 9-8），其学历生人数位居世界第三，非学历生来华人数位居世界第一。韩国来华留学学历生中，超过八成为本科层次，硕博层次分别占 12% 和 4%。

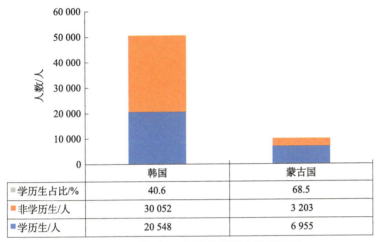

	韩国	蒙古国
学历生占比/%	40.6	68.5
非学历生/人	30 052	3 203
学历生/人	20 548	6 955

图9-8　2018年东亚2国来华留学生数量情况

（2）非洲 44 国

非洲是来华留学生的第二大生源地，其来华留学生约占全球来华留学生总数的 15.42%，占共建国家来华留学生总数的 20.48%。如图 9-9 所示，该地区来华留学生以学历生为主，非学历生较少。但非洲是增长态势最为强劲的大洲，其学历生和非学历生年均增长率均超过 20%。

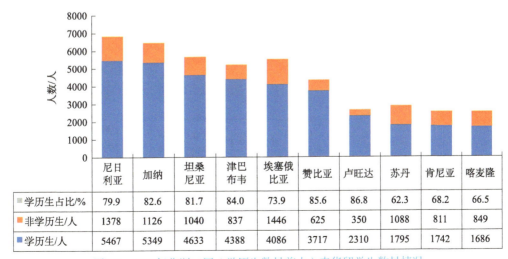

	尼日利亚	加纳	坦桑尼亚	津巴布韦	埃塞俄比亚	赞比亚	卢旺达	苏丹	肯尼亚	喀麦隆
学历生占比/%	79.9	82.6	81.7	84.0	73.9	85.6	86.8	62.3	68.2	66.5
非学历生/人	1378	1126	1040	837	1446	625	350	1088	811	849
学历生/人	5467	5349	4633	4388	4086	3717	2310	1795	1742	1686

图9-9　2018年非洲44国（学历生数量前十）来华留学生数量情况

（3）欧洲 27 国

欧洲是来华留学的第三大生源地，该地区来华留学生约占全球来华留学生总数的 7.44%，占共建国家来华留学生总数的 9.88%。该地区来华留学生以非学历生为主，学历生较少（图 9-10）。

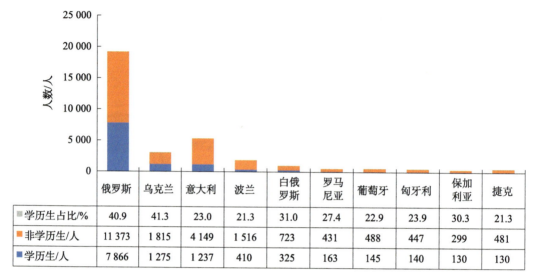

	俄罗斯	乌克兰	意大利	波兰	白俄罗斯	罗马尼亚	葡萄牙	匈牙利	保加利亚	捷克
学历生占比/%	40.9	41.3	23.0	21.3	31.0	27.4	22.9	23.9	30.3	21.3
非学历生/人	11 373	1 815	4 149	1 516	723	431	488	447	299	481
学历生/人	7 866	1 275	1 237	410	325	163	145	140	130	130

图9-10　2018年欧洲27国（学历生数量前十）来华留学生数量情况

（4）美洲 19 国

美洲地区共建国家主要为拉丁美洲国家。2018 年该地区来华留学生为 5065 人，占全球来华留学生总数的 1.15%，占共建国家来华留学生总数的 1.52%（图 9-11）。

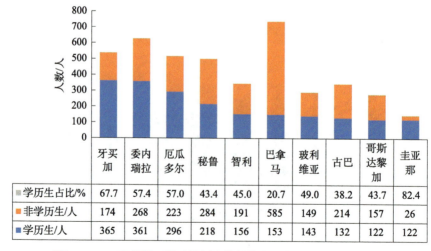

	牙买加	委内瑞拉	厄瓜多尔	秘鲁	智利	巴拿马	玻利维亚	古巴	哥斯达黎加	圭亚那
学历生占比/%	67.7	57.4	57.0	43.4	45.0	20.7	49.0	38.2	43.7	82.4
非学历生/人	174	268	223	284	191	585	149	214	157	26
学历生/人	365	361	296	218	156	153	143	132	122	122

图9-11　2018年美洲19国（学历生数量前十）来华留学生数量情况

（5）大洋洲 11 国

大洋洲 11 个共建国家来华留学生数量少，2018 年为 2014 人，仅占共建国家来华留学生总数的 0.54%，其中学历生占比为 64.05%（图 9-12）。

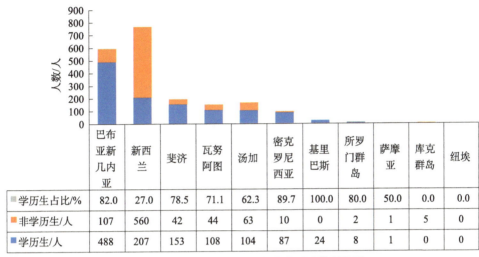

人数/人	巴布亚新几内亚	新西兰	斐济	瓦努阿图	汤加	密克罗尼西亚	基里巴斯	所罗门群岛	萨摩亚	库克群岛	纽埃
学历生占比/%	82.0	27.0	78.5	71.1	62.3	89.7	100.0	80.0	50.0	0.0	0.0
非学历生/人	107	560	42	44	63	10	0	2	1	5	0
学历生/人	488	207	153	108	104	87	24	8	1	0	0

图9-12　2018年大洋洲11国来华留学生数量情况

综上可见，中国对大部分共建国家留学生具有很大的吸引力，已经成为主要留学目的国，但是存在高层次硕博留学生占比较低的情况。从生源数量看，东南亚来华留学生数量最多的国家是泰国，南亚是巴基斯坦，西亚是也门，中亚是哈萨克斯坦，东亚是韩国，非洲是尼日利亚，欧洲是俄罗斯。这些国家可以作为提升留学生层次和质量的重点发展国家。

9.3.2　共建国家来华留学影响因素

伴随着综合实力与国际影响力的提升，我国现已成为亚洲最大的留学目的国。尤其是"一带一路"倡议提出以来，共建国家与中国在高等教育事业方面的交流日益频繁，选择来华留学的学生也越来越多。为了探究影响他们留学选择的因素，本研究针对共建国家开展问卷调查。

本次调查共回收有效问卷 1677 份，涉及五大洲 68 个国家，来源以亚洲（59%）、非洲（28%）和欧洲（8%）为主。调查对象主要是高校学生，15～30 岁的占 88%，女性占 56%，家庭年收入低于 4000 美元的占 78%，就读于本国排名前 50 院校的占 67%，成绩排名在前 10% 的占 36%，英语流利者占 80%。

问卷结果显示，留学目的国排名前4的是中国、美国、英国和加拿大；在选择留学目的国时，影响因素排名前4的依次是全额奖学金支持、毕业后有就业机会、求学期间可以实习/打工、授课语言为英语。

表9-7　来华留学影响因素选择情况

影响因素	认同该影响因素的人数/人	认同该影响因素的人数占比/%
全额奖学金支持	1055	62.9
毕业后有就业机会	683	40.7
求学期间可以实习/打工	619	36.9
授课语言为英语	591	35.2
对外国人友好	550	32.7
留学目的国有完善的留学生服务体系	517	30.8
生活成本低	511	30.5
学校提供高度专业的课程	364	21.7
学校在国际享有很高的声誉	339	20.2
学校有专业的留学生服务设施和团队	338	20.1
学校有顶尖的教授和研究团队	335	20.0
留学目的国有便利的生活设施	312	18.6
留学目的国有独特丰富的历史文化	247	14.7
留学目的国综合国力强	181	10.8
留学目的国的文化与本国文化相近	121	7.2

（1）奖学金

大部分外籍学生留学时依赖高校提供的经济支持，很少选择家庭资助，甚至部分已经成家的学生需要通过奖学金支持来"反哺"家庭。因此，能否获得足额的奖学金支持会在很大程度上影响留学目的国的选择。针对共建国家的学生特点，提供适合的、多样化的、体系化的奖学金支持，对促进共建国家学生来华留学具有重要的作用。

（2）留学目的

调查发现，绝大多数学生选择海外留学的最终目的是解决就业及未来发展问题。留学目的国就业机会和就业支持、在校期间兼职实习等在很大程度上影响外籍学生的留学选择,这一点通过对选择不同留学目的国的学生进行专业背景分析也可得到印证。选择中国的学生中排名前 3 的专业分别为文学(27%)、教育学(15%)、经济学(14%),选择美国、英国、加拿大的学生中排名前 3 的专业分别为工程学(18%)、经济学(12%)、文学(12%),选择德国、法国的学生中排名前 3 的专业分别为工程学(26%)、自然科学(12%)、文学(12%)。在"一带一路"建设背景下,中国与相关国家的经贸和人员往来日益频繁,汉语教学、经济贸易和商务管理方面的需求增长迅速、就业机会丰富,因此越来越多的外籍学生选择来中国学习汉语、了解中国文化以及修读汉语言教育等专业。因此,需要深入了解共建国家的就业市场和就业文化,发现未来需求,精准推广相关留学项目。这样既能促进我国教育事业的发展,又能切实帮助共建国家培养更多创新人才。

(3)授课语言

授课语言为英语也是关键影响因素。对于首选来华的学生,大多数仍然希望授课语言可以是英语。很多学生表示愿意学习汉语,但在短时间内将汉语水平提升到能够支撑专业知识学习的程度是一个挑战。因此,开展系统化的英文授课体系建设是中国高校提升国际化水平无法回避的问题。

(4)国家形象

通过对国家形象认知相关因素的分析可以看出,周边国家学生对中国的评价较高,更倾向于选择中国作为第一目的国。把欧美国家作为首选的学生,对中国不了解和持否定态度的比例较高。如何突破重围,在国际社会上讲好中国故事,树立一个更加客观真实的中国形象,对于我国高等教育国际化的提升非常重要。

(5)大学声誉

在选择学校时,70% 的学生看重大学的国际声誉。这方面我国高校与欧美地区高校仍存在一定的差距,其中虽然有国际教育评价偏差的影响,但中国高校的国际宣传存在短板是不能否认的事实。需要通盘设计、重点突破,否则很难得到广泛认可与接受。

(6)留学信息获取

在留学信息获得渠道方面,大学官方网站、教师或导师的意见、社交媒体、大学排名网站、父母和家庭的意见是排名前 5 的信息来源。对于选择中国为第一目的国的群体,教师或导师的意见(24%)、大学官方网站(21%)和社交媒体(16%)占据前3,大学排名网站(11%)排名第 5。首选美国、英国、加拿大、德国、法国等国的群体，排名前3的信息来源是大学官方网站、大学排名网站和社交媒体。由此可见，需要重点强化大学网站和社交媒体的宣传作用。同时，邀请更多国外高校教师来华访学交流，使他们深入了解中国高等教育优势、热爱中国，进而宣传吸引更多优秀学生来华。

可见，为了更好地吸引共建国家更多的高层次人才来华留学，需要从奖学金制度、就业指引、英文授课体系、中国形象宣传等角度出发，完善体系、扩大影响，谱写出更加辉煌的留学教育新篇章。

9.4 科技创新人才培养成功模式借鉴

国家之间通过高水平高校跨境办学或高层次人才奖学金项目支持等方式拓展科技创新人才培养途径和模式，有助于科教比较优势的充分发挥，也有利于实现参与合作国家的人才培养共赢。本节选取部分国际知名高校和奖学金项目，对其国际化成功推广进行分析，力图发现关键模式或举措，为"一带一路"科技创新人才培养量与质的同步提升提供借鉴。

9.4.1 知名高校国际化推广理念与举措

（1）麻省理工学院

2017年5月，麻省理工学院（MIT）发布以"MIT走向世界"和"世界走进MIT"为主旨的全球化战略，并明确深化国际化建设的举措，如建立新区域伙伴关系、扩展本科国际化体验式教育、提升国际化教育服务能力等。除国际师生占比高之外，MIT国际化推广主要通过设立海外中心、开展科教援助、推广在线教育等模式进行，具体措施见表9-8。

表9-8　MIT国际化推广主要举措

模式	主要举措
海外中心	① 2003年，MIT交通与物流中心发起全球供应链与物流卓越网络，在全球建立五个分中心，由MIT协助分中心提供物流供应链硕博项目和高管培训项目，为各分中心所在地培养物流供应链相关人才。 ② 2007年，MIT在新加坡成立新加坡-麻省理工学院联盟研究与技术中心（Singapore-MIT Alliance for Research and Technology Centre，SMART中心），为在校师生提供长期在新加坡研究和学习交流的平台。 ③ 2015年，MIT在香港成立首个创新中心，增加师生参与创新过程的机会

续表

模式	主要举措
科教援助	① 2006 年至今，MIT 与葡萄牙合作开展麻省理工-葡萄牙项目（MIT-Portugal Program），旨在提升葡萄牙的教育质量和国际竞争力。 ② 2015 年，MIT 斯隆商学院和马来西亚中央银行合作开办亚洲商学院，提供工商管理硕士（MBA）项目。 ③ 近年来，MIT 在巴西、印度和伊朗建立了新的高等教育机构，参与阿布扎比马斯达尔科学技术研究所和莫斯科斯科尔科沃科学技术研究所建设等
在线教育	① MIT 开放课程网站（OCW），自 2003 年发布以来已获全球 2 亿多访问量。 ② 2012 年，MIT 加入 edX 平台，已有 350 万人注册学习 MITx 课程，其中 75% 来自其他国家

（2）纽约大学

"融入世界"（in and of the world）是纽约大学的全球化理念。纽约大学的教学任务之一是为学生生活在一个多样化的世界做准备。

纽约大学国际化具有如下特点。

1）建设海外分校和全球学术中心。纽约大学与所在国合作建立了纽约大学阿布扎比分校和上海纽约大学，并在全球五大洲建立了 12 个海外教学中心，即"全球学术中心"（global academic centers）。纽约大学为每个教学中心提供办学支持，学生所接受的教育和纽约校区遵循同样的学术标准。

2）大力拓展国际生源。从 2015/2016 学年至 2019/2020 学年，纽约大学招收的国际学生（包括本科生和研究生）人数屡创新高，且一直保持国际生人数全美第一的纪录。

3）打造全球课程体系。学生可以跨分校选修课程，大一新生将接受通识教育或全球通识教育，研究生有具体的海外学习要求。常规课程之外，纽约大学还提供了丰富的暑期海外课程。

基于上述两所知名高校的案例分析可以发现，海外机构或分校非常重要。高校在国外设立科教中心或分校，一方面有助于提升国际知名度，吸引更多高层次优秀人才；另一方面可以更高效地为当地培养更多科技创新人才，实现多方共同受益。

9.4.2 知名奖学金

（1）洪堡奖学金

初设于 1860 年，洪堡基金会由德国联邦外交部、联邦教育与研究部等共同提供经费支持，其宗旨是为世界范围内的优秀学者来德合作研究提供资助，以便开展国际科学交流，建立外国学者与德国之间的联系。洪堡基金会的资助项目包括奖学金、荣誉奖项和专项学术交流活动等，资助对象包括已获得博士学位的青年研究人员、学术带头人、资深学者和顶尖科学家，资助时长在 6 个月至 5 年。洪堡基金会每年提供约 800 个名额，涉及自然科学、人文社会科学和生命科学等领域。2022 年，预算为 1.49 亿欧元[①]，2016～2020 年，获奖率在 22%～31% 波动。

洪堡基金会历史悠久，国际知名度高，奖项竞争激烈。洪堡基金会项目具有如下特点。

1）多样化资助和奖励，分别面向青年学者和资深研究人员设计，执行灵活度高。

2）注重人文家庭关怀，额外提供语言学习、家庭成员补助等方面的支持。

3）终生关系维护，通过"洪堡网络"与遍布全球 140 多个国家、30 000 多名活跃的洪堡奖学金 / 荣誉奖项获得者保持经常联系。

（2）中国–美国联合招考物理研究生项目

中国–美国联合招考物理研究生项目（China-U.S. Physics Examination and Application，CUSPEA）是由诺贝尔奖获得者、著名物理学家李政道教授倡导，中国政府支持，派遣中国物理研究生去美国大学攻读博士学位的留学项目。

1979～1989 年，累计选派 915 名物理学科学生赴美深造，回国人员占比达到 30%，其中有 12 位科学家成为中国、欧洲、美国、加拿大等国家或地区的院士，有 300 多人在国际科学技术组织中担任职位或成为 Fellow，有 400 多位成功的高科技发明家和企业家，贡献突出[②]。

除了国家支持和参与人员无私奉献之外，CUSPEA 项目成功的关键之一是考录机制。李政道教授考虑当时中美实际情况设计了如下创新体系：①初选：美国大学命题、国内组织考试评卷、国外学者现场面试给出书面评价；②录取：入选学生和美国高校多轮双向互选最终确定就读学校，美国高校提供奖学金支持。这一创新机制兼顾国内教育情况和美国高校研究生招生要求，取得了很好的成效。

---

① Finance and Annual Report[EB/OL]. https://www.humboldt-foundation.de/en/entdecken/zahlen-und-statistiken/finance-and-annual-report[2023-06-01].

② CUSPEA，薪火相传 40 年 [EB/OL]. http://www.chisa.edu.cn/studyabroad/research/202001/t20200110_2110737110.html[2020-01-10].

9.5 重点工作

由于多数共建国家的高等教育水平较低，科技创新人才培养能力不足，容易造成当地科技创新人才短缺的现象。2013 年以来，在"一带一路"倡议支持下，共建国家出国留学人数不断上升，但学成人才数量仍远远满足不了需求。如何帮助共建国家培养更多高层次人才并提升其自身人才培养能力，对于"一带一路"的长久发展具有重要意义。

根据我国和共建国家科教实力的具体情况，以及学生流动和留学目的地选择的影响因素分析结果，借鉴已有成功模式，重点工作建议如下。

（1）设立海外"一带一路"人才培养中心，增强"一带一路"科技创新人才培养能力

设立海外"一带一路"人才培养中心是提升我国高等教育国际影响力、解决共建国家科技创新人才短缺的有效途径。与传统的项目制国际合作办学模式相比较，通过在海外设立分校和教学中心的国际化推广方式正在成为主流。这种"双赢"模式立足当地，既能减轻学生负担吸引培养更多科技创新人才，又能扩大影响进而遴选出更多优秀高层次人才到国内深造。

中国高教资源丰富，但是目前只有老挝苏州大学、厦门大学马来西亚分校等少数境外办学机构，开展海外"一带一路"人才培养中心试点是值得探索的国际化推广方向。合作国家方面，根据来华留学生数量和学历层次分布情况，建议首选泰国、巴基斯坦、哈萨克斯坦、俄罗斯和伊朗等国家开展试点。

（2）设立"一带一路"青年科学家培养计划，培育中国科教高端形象代言人

设立"一带一路"青年科学家培养计划，提升共建国家高校和科研机构青年人才的教研能力是促进共建国家科技合作发展和提升高层次人才培养能力的重要方式。

未来掌握在青年人才手中，遴选资助共建国家高校和科研机构优秀青年人才到国内高校培训交流，建立带有中国烙印的"一带一路"青年科学家网络，实现中国科教高端形象在共建国家的落地生根。首先，选定一定数量的共建国家优秀高校和科研机构作为重点合作单位；其次，由国内高校牵头与选定单位联合，面向选定单位的中青年教师和研究人员，遴选优秀人才到国内进修或交流访问；最后，创立"一带一路"青年科学家网络，提供交流合作机会和条件支持，保持长久联系和合作。

目前，共建国家学生出国留学最主要的咨询对象是高校教师。这些"一带一路"

青年科学家归国后不仅有利于帮助吸引更多优秀学生到中国留学，也将在宣传中国形象扩大中国国际影响力方面发挥重要作用。

（3）实施“一带一路”高层次留学生选拔计划，遴选优秀人才重点培养

2018年，来华留学生已超49万名，其中学历生258 122名[①]。来华留学生及学历生的不断增长说明在国际留学市场上中国已经具有充分的吸引力，宏观层面上留学生招生开始从早期数量增长阶段转向质量提升阶段。充分把握这一转变契机，建立有效的高层次留学生选拔机制已经成为当务之急。

当前，留学生选拔主要通过申请资料评审和面试形式，在信息不对称的情况下容易存在一定的误判。借鉴CUSPEA的做法，以共建国家知名学者或高校为纽带开展专业水平考试，由国内高校命题、评分，通过考试这一客观评价方式严格遴选优秀留学生。

（4）实施“一带一路”科技创新管理高端人才培训项目，促进多层次多方位交流

面向共建国家的高校、科研单位及政府部门，特别是周边和相关发展中国家，设立教育管理高端培训、科研管理高端培训、公共管理高端培训等专项，吸引共建国家的高层次教育、科技管理人员和政府部门工作人员参加培训，在帮助共建国家提升科技创新管理水平的同时实现多方位科教交流，扩大中国高等教育的影响力，促进科技创新等重要领域的深远合作。

9.6　政策建议

为了“一带一路”人才培养中心、“一带一路”青年科学家培养计划和“一带一路”高层次留学生选拔计划的成功实施，建议从科教人才需求信息交流共享、高校国际化推广和中国高等教育国际高端形象塑造三个方面给予政策推动。

（1）科教人才需求信息交流共享

建议国家发展和改革委员会与商务部、外交部、人力资源和社会保障部、教育部等部门紧密配合，一方面建立国内重点行业、企业“一带一路”业务急需科教人才信息交流通报机制，另一方面充分调动智库、区域国别研究机构和行业组织开展共建国家科教人才需求了解和分析工作，同时明确责任部门抓总做好信息聚合和中长期趋势

---

① 据教育部发布的《2018年来华留学统计》，http://www.moe.gov.cn/jyb_xwfb/gzdt_gzdt/s5987/201904/t20190412_377692.html?eqid=eb54fc9f0000c96200000006642e79ff[2023-06-28].

预测,为高校人才培养项目开发、毕业生就业、国际合作交流拓展和留学生招生宣传提供需求侧引导。

(2)高校国际化推广

建议出台管理办法着力推进高校探索境外办学。从共建"一带一路"发展需要出发,根据区域、国家教育水平和开放合作基础,明确境外办学重点目标区域和关键国家;完善管理制度和办法,引导国内高校立足优势、选好落点、抓好实施,积极探索创新境外办学路径和模式,提升中国在国际高等教育供给中的份额和水平,打造中国高等教育国际知名品牌。

(3)中国高等教育国际高端形象塑造

建议统筹开展中国高等教育海外宣传推广活动,发挥教育在共建"一带一路"中的基础性和先导性作用,建议由教育部牵头组织在共建国家开展"中国高等教育国际巡回展"或"中国高等教育海外交流周"等推广活动,加强中国高等教育的海外宣传,增进共建各国人民对中国教育文化的深入理解、高质量教育的认可和推崇,吸引更多高层次教育科技人才主动来华培训交流、更多优秀留学生来华学习,促进共建国家民心相通。

本章参考文献

Brainard J, Normile D. 2022. China rises to first place in most cited papers[J]. Science, 377(6608): 799.

第 10 章

政策建议

"一带一路"是中国国家主席习近平提出的新型国际合作倡议，为世界各国应对全球性挑战、实现联合国2030年可持续发展目标提供了一个重要合作平台，更是打造人类命运共同体的重要实践平台。2013年以来，"一带一路"建设取得了实打实、沉甸甸的成果，但也面临着日趋复杂、严峻的国际环境，推动"一带一路"建设行稳致远亟须高质量的发展。科技合作是推动"一带一路"建设高质量发展的重要支撑，也是拓展"一带一路"建设新空间的重要环节，在开拓绿色、健康、数字、创新等新领域发挥着不可替代的作用。

中国科学院设立的"一带一路"创新发展重大咨询项目，关注"一带一路"科技合作和科技创新中的关键性问题，从健康、绿色、数字、创新等多个领域探索新时期推动"一带一路"高质量发展面临的挑战以及科技合作解决方案，认为应高度重视、整体谋划、统筹资源、创新机制，尽快推动"一带一路"科技合作迈上新台阶。

10.1 加强顶层设计和统筹协调，调动各部门和社会各界的积极性

（1）加强科技合作支撑"一带一路"高质量发展的顶层设计

以党的二十大精神为指导，深入贯彻落实习近平总书记关于科技创新和共建"一带一路"的系列重要讲话精神，加强科技合作支撑"一带一路"高质量发展的研究和顶层设计。建议设立"一带一路"科技合作统筹协调和领导机制，由推进"一带一路"建设工作领导小组办公室会同科学技术部、中国科学院、国家自然科学基金委员会等部门和机构，开展顶层设计，深化和完善"一带一路"科技合作专项规划及其实施方案，统筹各部门的科技合作资源和渠道，避免各自为战，形成长期保障机制。建立健全中国与共建国家的双边和多边政府间科技创新合作对话机制，充分发挥国际科技组织的作用，围绕健康、绿色、数字、创新等"一带一路"重大科技问题和共同挑战开展合作，引导和推动科教机构、企业和地方政府与共建国家开展各具特色的科技创新

合作与交流。

（2）统筹协调"一带一路"科技合作领域的重点工作

各部门应在顶层设计框架下加强协调，制定相关实施方案，分解落实科技创新、科技合作、科技金融、财政支持、人才支撑、技术援助等各项任务及其配套政策。加强分工协作，国家发展和改革委员会、财政部、科学技术部、中国科学院、国家自然科学基金委员会等部门各司其职、各尽其责，在健康、绿色、数字、创新等领域制定和落实具体的科技合作行动计划。优化"一带一路"科技合作的体制机制，推动国内科研评价制度和科研经费管理制度改革，鼓励科研人员"走出去"参与共建国家科技创新合作，促进不同国家的创新主体在优势互补基础上开展协同创新。

（3）调动相关部门和社会各界积极参与"一带一路"高质量发展

加强中央与地方多层次创新主体之间的协同，深化产学研合作，在提高中国自主科技研发能力的同时，不断强化与共建国家的科技交流与合作。发挥各地科技创新合作优势，探索建立各具特色的地方合作机制，推动沿边省市在科技设施联通、人员交流等方面发挥前沿作用，推动沿海省市在科技创新、技术转移、科技合作、科技园区等方面发挥战略支撑作用。发挥企业的创新主体作用，引导企业成为"一带一路"科技创新合作的投入、执行和受益主体，形成骨干企业先导带动、中小企业大规模参与的合作局面;鼓励企业设立海外研发中心。同时，充分发挥民间科技组织在"一带一路"科技创新合作中的重要作用，促进民间科技创新合作交流，搭建民间科技组织合作网络平台。

10.2 切实增加"一带一路"科技合作的资金投入，推动相关资助体系和监管机制的改革

（1）增加各级财政资金投入

在加强与现有科技计划和项目衔接与统筹的基础上，切实增加"一带一路"科技合作的财政资金投入。建议在国家国际发展合作署的援外资金中增加"软援助"比重，设置"一带一路"科技合作引导资金，支持气候变化应对、绿色制造技术、生态文明科技、民生科技等领域的先导性科技合作，重点用于中国技术的本地化应用或特定技术的本地化研发，以及海外科技设施的共建和运行。科学技术部、中国科学院和国家自然科学基金委员会应进一步重视"一带一路"科技合作，切实增加服务"一带一路"

建设目标的科技合作资金投入，用科研资源引导科学家走向共建国家开展科学研究。鼓励地方加强投入，设立专项配套资金，支持有利于与共建国家开展国际科技合作的科技研发、平台建设、交流合作等。

（2）鼓励设立民间科技合作基金

发挥财政资金的杠杆效应和导向作用，引导企业参与，鼓励金融资本和民间资本支持科技合作，建立多元化投入体系。将民间科技合作基金纳入"一带一路"科技合作总体规划及实施方案。制定关于企业、民间资金参与"一带一路"科技合作的特殊政策，按照公益捐赠的性质给予税费减免；以企业资金、社会捐助资金为主导，设立多个科技合作专项基金，以民间组织运营为主。创新我国民间科技合作项目的管理机制，明确民间科技合作项目的科技成果与知识产权相关分配制度，保障民间科技合作基金的长期运行与盈利。

（3）推动国际科研合作的资助体系和监管机制改革

建立健全国际科技合作基金的管理制度，优化统筹监管机制。改革体制内国际科技合作资金监管机制，增加与必要海外支出相适应的预算科目，容许一定比例的项目资金外拨到海外合作机构，畅通外拨渠道和机制；容许适度的国际合作礼品和交际支出，支持科学家海外拓展合作网络、争取国际话语权；制定境外劳务费开支标准，规范境外劳务费支出程序。实施以综合绩效评价为基础的考核机制，探索实行负面清单管理，支持实行"预算＋负面清单"管理模式，赋予科研人员更大的经费使用自主权。改进科研人员因公出国（境）管理方式，探索单位备案制和使用因私护照出入境的管理机制，进一步方便科研人员因公出国（境）开展国际合作与交流。优化"一带一路"科技合作模式，允许共建国家以办公空间、人员、数据资料等方式作为匹配资源。

10.3　充分发挥国际组织的作用，积极实施国际大科学计划

（1）加强我国主导的国际科技组织建设

培养一批我国主导的国际科技组织（如"一带一路"国际科学组织联盟），依托这些国际组织积极主动寻求与其他国际组织或国家的科技合作，推动以"一带一路"国际科学组织联盟等国际组织为核心的共建国家民间科技合作。争取新设立的国际组织总部或常设办事机构设在我国；即使不能设在我国，也要通过出资比例等手段争取我

国在其领导机构中占有重要位置，形成"以我为主"的格局。同时，要防止准备工作不充分和稳定支持机制缺乏等问题，导致国际组织建立后没有后续发展能力，变成"空壳"。优化政策环境，进一步完善在我国境内成立"以我为主"的国际科技组织的审批和登记等环节，适当放宽建设标准。加强后备队伍建设，从中青年科技人员抓起，培养一批懂业务、具有国际视野、精通外语、办事效率高的国际科技合作新生力量。

（2）加强与联合国机构和已有国际科技组织的合作

主动对接联合国 2030 年可持续发展目标，深入参与联合国及其专门机构的多边科技外交活动，如联合国环境规划署、联合国开发计划署、世界气象组织，以及联合国教育、科学及文化组织等，聚焦消除贫困、增加就业、改善民生、应对气候变化、可持续发展转型等领域，积极开展具有普遍价值和全球意义的项目和活动。重视与东盟、南亚区域合作联盟、上海合作组织、海湾合作委员会、非盟等地区性国际组织之间的多边对话和合作，推动共性问题和难题的科技合作。在不同区域有所侧重，与东盟重点开展生物多样性保护、海洋科技、防灾减灾等绿色科技合作；与南亚区域合作联盟和非盟积极推进减贫、粮食安全、健康医疗和远程教育等民生科技合作，推广适用技术、促进当地社会经济发展；与上海合作组织和海湾合作委员会开展沙漠化防治、节水灌溉、清洁能源和生态文明建设等生态文明科技合作。

（3）推动和培育国际大科学计划

聚焦事关全球和区域性可持续发展的重大问题，围绕地球系统与环境气候变化、生命健康、绿色能源、可持续农业、物质科学等领域，探索发起成立国际大科学计划，推动基础研究服务联合国可持续发展目标。建议有关机构（如中国科学院）联合关键共建国家的科研机构以及联合国有关机构，发起成立"一带一路"可持续发展科技计划，立足气候变化背景下的生态文明建设与可持续发展，聚焦生命健康、绿色发展、水资源、生态环境保护、防灾减灾等领域，以促进经济社会发展和惠民生为目标，以共建空-天-地一体化探测和观测网络为支撑，推动基于数字技术和人工智能研究新范式在共建国家的发展，引领基础研究服务可持续发展。同时，面向全球，鼓励多边合作，吸引西方发达国家科学家的参与。

10.4 强化海外科教设施的能力和作用，将运维经费纳入对外援助

（1）与共建国家共建监测-预警台站

借助中国生态系统研究网络建设经验，通过一定的援助资金，吸引共建国家投入土地、建筑、人员等，共建主要江湖源流域系统、主要生态系统类型区、重大自然灾害易发区和"一带一路"重大工程区的野外监测台站，并与已有站点观测研究工作融合，构建共建国家地球系统综合观测研究与预警网络。支持共建国家应用中国生产的科研仪器设备和监测预警装备，研发基于空-天-地观测与预警的生态环境变化及可持续发展检测/监测系统，打造跨学科、跨领域的观测-分析-预警-决策-服务一体化大数据管理系统，建设自然灾害联防联控预警平台与空-天-地一体化灾害监测网络。

（2）继续扩大和深化共建联合实验室

结合共建国家重大科技发展需求、科研基础条件与合作意愿，选择重点领域和重点合作伙伴，有针对性地在共建国家布局建设一批新的联合实验室。建议在东南亚、南亚、中东欧等重点区域聚焦农业、资源环境、新材料、先进制造、航空航天、医药健康、防灾减灾等重点领域构建创新合作新平台，提升联合实验室在"一带一路"创新发展中的基础和引领作用，集成联合研究、科技人才交流与培养、先进适用技术转移、科技形象宣传展示等功能，构建"一带一路"长期稳定的创新合作平台。

（3）充分发挥海外科教合作中心的作用

充分发挥海外科教合作中心的作用，进一步强化与共建国家的人才交流和人才培训，更高效地为共建国家培养一大批科技创新人才，以及友华、知华的科学家。与当地科学家合作开展前沿性、基础性研究，为全球可持续发展做出贡献；同时，通过海外科教合作中心推动我国绿色制造技术、生态文明技术、绿色能源技术等的传播落地，服务当地的经济社会发展。统筹为这些海外科教合作中心配置固定的经费，将运维经费纳入国家国际发展合作署的对外援助范畴，并依托它们开展科技合作项目。进一步拓展海外科教合作中心的职能，加强其作为合作网络节点的作用，为全方位科技合作拓展更大空间。

10.5　建立海外生态文明科技推广示范区，促进民生科技"走出去"

（1）支持开展生态文明科技合作示范区建设

以共建国家生态文明建设需求为导向，围绕生态保护与修复、节能环保、清洁能源、生态农业、城乡绿色基建等重点领域，强化与共建国家开展生态文明科技对话交流和合作，加快生态文明先进适用技术的研发、推广和应用。借鉴已有生态文明科技国际合作经验，针对东道国生态治理需求，探索建立更多类型的海外生态文明技术研发项目和科技示范工程，鼓励创新"科学＋技术＋工程＋应用"的组织实施模式，促进生态文明科技造福当地民众。支持环境技术交流与转移基地、生态技术示范推广基地和绿色科技园区等平台建设，探索海外生态文明科技示范区建设模式，提升我国与共建国家生态文明科技合作水平，以生态文明科技促进"一带一路"绿色发展。

（2）加强生态环境治理技术合作与区域示范

加强多领域生态环境治理技术的合作。针对共建国家节水、净水、土地退化防治、物种保护、生态系统修复、生态社区设计等生态环境治理需求，以"引进来、走出去"两种模式，以技术团队为单位，聚焦某一项生态环境具体问题的双边、多边技术合作。鼓励项目合作周期多样、技术团队规模不限、合作资金渠道多元，保障技术合作的灵活性，扩大合作范畴。以重点技术咨询与服务的形式开展合作，有效提高生态环境治理技术的合作效率与成功率。鼓励联合攻关开展生态环境治理区域示范。针对共建国家尤其是撒哈拉以南非洲、中亚、西亚和东南亚部分国家系统性的生态环境问题，以3～5年稳定资助的大型科技合作专项的形式，集结生态环境专家队伍展开联合攻关，一方面可厘清气候变化背景下不同区域生态环境变化的机理与机制，另一方面助力当地的可持续发展。

（3）改革减灾救灾援外资金使用机制，构建减灾合作示范区

改革我国现有以资金救援、物资救助和抢险救援为主的国际减灾救援方式，在减灾救援中强化科技救灾的内容，显著提升我国减灾救援的科技含量、质量水平和社会影响力，以及当地民众的获得感。建议有关部门明确科技援助占国家减灾救援资金的比例。科技援助主要集中于重大国际灾害派出中国专家组参与灾害评估与灾后重建规划、援助建设灾害防治示范工程、援助减灾防灾科技支撑能力建设、共同编制减灾技术规范四个方面。可优先聚焦中巴经济走廊、中蒙俄经济走廊、中国－中南半岛经济走廊等灾害威胁严重的国家和区域，开展减灾救灾科技合作试点工作。

（4）推广绿色新能源和绿色制造技术，发挥科技赋能优势

建立健全与共建国家在绿色能源与绿色制造技术领域的合作机制。设立以绿色能源和绿色制造技术协作双赢为目标、市场引导合作方向、政府与企业组成协作整体、研究所和高等院校给予核心技术和人才培养支持的合作新机制。搭建绿色新能源和绿色制造技术创新服务平台。鼓励与共建国家进行科技升级合作，对于新兴发展领域，鼓励企业主动加入技术升级、技术准则构建和高端人才培育等需要共同协作的领域。同时，利用政策引导把共建国家的绿色新能源，如风电、光伏等能够创造绿色能源产品的资源前景逐步发展为经济前景。此外，要重视同共建国家的绿色标准对接，获得在共建国家绿色能源、绿色制造技术领域准则构建中的主动权，推动产品认证与标识的国际互认，促进与共建国家的技术合作，发挥科技赋能优势。

10.6 联合共建国家建立技术规范和标准，推动绿色制造和清洁制造

（1）联合共建国家建立技术规范和标准

依托我国具有优势的技术标准，联合共建国家在健康、绿色、数字、创新等新领域标准化务实合作，主动加强与共建国家标准化战略对接和规则体系相互兼容，建立数据标准，共同制定国际前沿领域的规范和标准。推动绿色制造和清洁制造标准的研究、制定、互换、互认和推广，努力实现共建国家绿色制造和清洁制造标准体系的相互兼容，推动绿色产品认证与标识的国际互认，减少绿色贸易壁垒，深化国际绿色制造和清洁制造合作。与共建国家协作构建绿色发展、清洁制造、健康合作、智慧创新等领域的数据服务平台、科研示范基地与政产学研用联合协作平台，为科学—技术—应用—产业—政策链条落地提供场所，向共建国家推广最适合的技术、规范和标准，为共建"一带一路"提供坚实的技术支撑和有力的标准化机制保障。

（2）建立"一带一路"标准化国际合作长效机制

构建多层次的中国技术规范与标准品牌培训体系，建议鼓励我国绿色制造与清洁制造科技公司在共建国家设立数字海外办学机构和职业培训基地，为相关企业提供信贷优惠、税收减免等优惠措施，提升企业参与共建"一带一路"标准能力建设的积极

性。放宽共建国家在中国开展相关行业的市场准入的执业限制，积极引导中国科研机构与共建国家联合开展核心技术攻关、创新研发和技术合作等，建立政策性和资金性的共研、共享技术标准长效合作体系。

10.7 创新科技人才支撑模式，优化人才评价方式，完善人才引进体系

（1）创新"一带一路"框架下科技人才的支撑模式

综合发挥高校、科研院所、智库、企业的作用，推进中国与共建国家的资源共享与协同合作，鼓励交流互访，形成立体、开放的科技人才培养体系，满足"一带一路"科技合作的不同人才需求。支持国内高校与共建国家知名高校和研究机构建立科教合作伙伴关系，推动设立和实施共建国家的青年科学家走进中国科研机构的计划，在健康、绿色、数字、创新等重点领域共同培养青年科技人才和优秀师资力量；鼓励我国高校在重点共建国家试点设立海外中心或校区，培养既认可中国又深入了解共建国家的综合型人才；鼓励我国企业与共建国家的当地大学联合开展科教培训，培养服务"一带一路"重点项目的实用型人才。在国内，举办各类适用技术及科技管理培训班，发挥智库、企业的培训作用，培养一批具有政策沟通及外交谈判能力的高端人才以及能为企业"走出去"提供科学性意见的技能专家；发挥高校和科研院所的培养主体作用，加快课程设置和培养方式改革，增加共建国家的国别研究中心设置，为"一带一路"建设输送一批复合型科技人才。

（2）建立科学的人才评价方式，加强人才服务机构的建设

积极打破国内现有人才评价体系的地域、年龄、学历、资历及名额的限制，推行资格审查与评聘相结合、考试考核与同行评议相结合、社会公认与业内认可相结合、兼顾国内适用性和国际认可度的评价方法。建立有效的高层次留学生选拔机制，以共建国家知名学者或高校为纽带开展专业水平考试，由国内高校命题、评分，通过考试与推荐的综合评价方式严格遴选优秀留学生。以政府引导为主，整合区域资源，广泛吸纳社会力量参与科技人才服务体系的建设，设立健康、绿色、数字、创新等前沿领域的创业孵化园，着力提升人才服务保障水平。综合利用国内和共建国家的教育资源和相关设施，构建中国与共建国家的信息互通与反馈机制，以智慧服务为引领，通过业务网络、掌上服务 APP 等现代方式，加快相关人才服务机构的建设与革新，积极提

升人才档案管理，完善我国人才评价与服务体系。

（3）完善海外人才引进的政策与保障体系

加强国家统筹和引导，研究制定海外人才引进规划，明确引进海外人才的思路、标准、重点领域及测评体系，构建海外人才引进的多元化途径及相关保障措施，推动人才引进工作规范化和制度化。根据"一带一路"建设的实际需求，设立"一带一路"专项海外人才引进工程、招聘会、宣讲会等，加大对共建国家高层次人才的引进力度，提高人才与需求市场的匹配度。鼓励高校在共建国家设立"一带一路"校友组织，发动毕业归国和在读留学生通过多种形式宣传中国高等教育现状，让更多共建国家了解中国、向往中国；积极在共建国家的知名高校和研究机构设立青年科学家奖学金，吸引高层次人才来华交流、进修和工作。进一步发挥相关中介机构、企业、科研院校等在海外人才引进中的主体作用，鼓励更多企业、科研院校实施面向共建国家的人才引进工程，推动形成政府宏观调控、市场主体充分竞争、中介组织提供服务的高效人才引进体系。